AS FRAUDES TRIBUTÁRIAS
E O CRIME TRIBUTÁRIO
CONTINUADO

LUÍS MILAGRES E SOUSA

AS FRAUDES TRIBUTÁRIAS E O CRIME TRIBUTÁRIO CONTINUADO

Dissertação de mestrado executada por Luís dos Milagres e Sousa na Faculdade de Direito de Lisboa da Universidade Católica Portuguesa, em Dezembro de 2009, sob orientação do Senhor Professor Doutor Germano Marques da Silva

AS FRAUDES TRIBUTÁRIAS E O CRIME TRIBUTÁRIO CONTINUADO

AUTOR
LUÍS MILAGRES E SOUSA

EDITOR
EDIÇÕES ALMEDINA, SA
Av. Fernão Magalhães, n.º 584, 5.º Andar
3000-174 Coimbra
Tel.: 239 851 904
Fax: 239 851 901
www.almedina.net
editora@almedina.net

PRÉ-IMPRESSÃO | IMPRESSÃO | ACABAMENTO
G.C. – GRÁFICA DE COIMBRA, LDA.
Palheira – Assafarge
3001-453 Coimbra
producao@graficadecoimbra.pt

Setembro, 2010

DEPÓSITO LEGAL
316771/10

Os dados e as opiniões inseridos na presente publicação são da exclusiva responsabilidade do(s) seu(s) autor(es).

Toda a reprodução desta obra, por fotocópia ou outro qualquer processo, sem prévia autorização escrita do Editor, é ilícita e passível de procedimento judicial contra o infractor.

Biblioteca Nacional de Portugal – Catalogação na Publicação

SOUSA, Luís dos Milagres e

As fraudes tributárias e o crime tributário continuado
ISBN 978-972-40-3670-0

CDU 343
     336

PREFÁCIO

É sempre razão para grande contentamento o convite de um antigo aluno para prefaciar um seu trabalho. É o caso. Aceitei com muito gosto e por motivos vários. Acompanhei de perto o agora Mestre Luís dos Milagres e Sousa nos seus cursos de licenciatura e mestrado em Direito na Faculdade de Direito da Universidade Católica e mais de perto ainda, na qualidade de seu orientador, a elaboração da sua dissertação de mestrado, que ora publica.

A obra é do seu autor. O Mestre Luís e Sousa tem orgulho dela e por isso a publica. Como orientador que fui dos trabalhos de investigação da sua dissertação académica de mestrado sinto-me também feliz pelo resultado. Trata-se do primeiro trabalho científico na área do Direito que o A. publica e sei que o faz consciente das limitações do escrito. A publicação é um testemunho público de trabalho e um compromisso do A. para futuros voos.

O Mestre Luís dos Milagres e Sousa cursou a Licenciatura e o Mestrado em Direito já em idade madura, depois de outra licenciatura em engenharia e uma vida profissional de empresário muito intensa e bem sucedida. Cursou Direito por mera apetência cultural e não obstante as suas ocupações profissionais fê-lo com absoluto sucesso e em tempo canónico. No mestrado foi o primeiro a apresentar a dissertação, directo como sempre à meta que buscou. A sua maturidade e experiência de vida reflectem-se naturalmente na obra e desde logo no tema que escolheu. É a busca de soluções para casos concretos que o guia muito mais do que especulações teóricas ainda que evidentemente as pressuponha e domine.

A obra que o Mestre Luís e Sousa ora publica é um trabalho de estudante, não é obra final. Constitui um ensaio sobre uma matéria que à data da sua elaboração era quase virgem na doutrina portuguesa. Parte do seu mérito foi o de desbravar caminhos e por isso que, se depois outras soluções para os casos têm sido apresentadas, a ele cabe o mérito de ter sido dos primeiros a enfrentar alguns dos problemas deste ramo do Direito – sobretudo a problemática do crime continuado – que tanta relevância social adquiriu no nosso tempo.

Ao escrever este prefácio recordo o saudoso Prof. Saldanha Sanches que foi o arguente na discussão pública da dissertação e pôs em relevo na sua arguição a clareza do propósito, a intuição do candidato, o esforço para apresentar soluções justas e tudo numa linguagem simples, clara e directa como convém aos que têm por meta fazer obra.

Este prefácio, destinado ao público leitor, tem subjacente um recado para o antigo aluno: que a publicação que ora faz da sua dissertação seja mais um estímulo para que continue na procura dos modelos de solução justa, especialmente nesta área do Direito Penal Tributário em que a sua experiência de vida pode ajudar a desbravar novos caminhos e a encontrar soluções

Espero e desejo que esta publicação seja um estímulo para os estudantes deste ramo do Direito, útil para todos, e a justa recompensa intelectual do Autor: o Mestre Luís dos Milagres e Sousa, a quem felicito uma vez mais pelo resultado e agora pela publicação, para que conste.

Loures, 15 de Maio de 2010.

1. INTRODUÇÃO

1.1. Objecto do estudo

O direito penal tem como base a existênciade um juízo de censura, prévio ao facto, sobre determinada conduta. Poderá então existir uma causa de justificação que exclua o juízo de ilicitude sobre um facto concreto verificado. Ou seja, uma acção formalmente típica praticada num contexto fáctico pode ser considerada lícita por lei.

Por outro lado, ainda dentro da legalidade, a unificação de factos típicos ilícitos pode ter efeitos na moldura penal aplicável.

Em determinadas circunstâncias, como, por exemplo, em crimes contra a propriedade, a restituição ou reparação dos danos pode ter como consequência o arquivamento do processo ou a atenuação da pena[1].

Todos estes princípios existentes no direito penal comum podem ser estendidos ao direito penal especial, nomeadamente ao direito penal tributário.

Sendo sabido que o Código Penal é subsidiariamente aplicável aos crimes previstos no Regime Geral das Infracções Tributárias (RGIT)[2], este estudo analisaráa aplicação daqueles princípios ao direito penal tributário.

Se estes princípios são por vezes de difícil aplicação e estruturação no direito penal comum, no direito penal especial a situação pode tornar-

---

[1] Artigo 206.º do Código Penal: «1. Quando a coisa furtada ou ilegitimamente apropriada for restituída, ou tiver lugar a reparação integral do prejuízo causado, sem dano ilegítimo de terceiro, até ao início da audiência de julgamento em primeira instância, a pena é especialmente atenuada; 2. Se a restituição ou a reparação forem parciais, a pena pode ser especialmente atenuada.»

[2] Alínea a) do artigo 3.º da Lei n.º 15/2001, de 5 de Junho (RGIT).

-se mais delicada. É necessário analisar as normas especiais do RGIT aplicáveis nestas circunstâncias e verificar a sua articulação com o Código Penal, que é subsidiário em relação ao primeiro.

Há casos em que não existe qualquer especificidade aparente no RGIT, mas é importante proceder ao estudo sistemático das leis aplicáveis e compreender o enquadramento dentro do nosso ordenamento jurídico e os fundamentos da criminalização das infracções tributárias para depois ser possível chegar a algumas conclusões.

1.2. Matérias excluídas

O estudo de cada um dos crimes tipificados no RGIT, seguido da análise da sua combinação sob o ponto de vista do crime tributário continuado, seria uma opção. No entanto, consideramos que seria um trabalho com reduzido interesse prático. As combinações possíveis são inúmeras e fariam com que houvesse uma dispersão exagerada do objecto do estudo.

A nossa opção foi aprofundar dois dos tipos legais com maior profusão de ocorrências para analisar a possibilidade de unificação. Os princípios aplicados terão certamente pontos de contacto com outros tipos de ilícitos penais tributários.

Não serão aprofundadas as circunstâncias da verificação do ilícito penalmente punível, bem como não se chegará à fase da escolha e medida da pena. Procuraremos encontrar e compreender as formas que, no estrito cumprimento da lei, permitam uma redução efectiva da penalidade.

1.3. Questões acessórias

1.3.1. *Causas de justificação*

Num crime legalmente tipificado, é necessária a inexistência de uma causa de justificação[3] para quehaja um juízo de ilicitude sobre um facto

---

[3] A terminologia tradicional é *causas de justificação*, sendo esta adoptada no Código Penal de 1886. O actual Código Penal utiliza a terminologia «*causas que excluem a ilicitude*».

concreto verificado. Por princípio, uma acção típica, isto é,descrita num tipo de crime, será ilícita. No entanto, a lei pode atribuir uma eficácia justificativa da acção típica em virtude de essa acção ter sido praticada num contexto fáctico em quea acção não é ilícita, apesar de formalmente típica.

O direito penal é uma ciência prática, não teórica: como em qualquer ramo do direito, o direito penalexiste para se aplicar às concretas situações da vida social. A complexidade dessas situações é muito variável. Por exemplo, a destruição da montra de um estabelecimento de produtos anti-incêndio tanto pode ser um acto de puro vandalismo, constituindo um crime de dano, como pode ser um meio de salvamento.

Um facto que, em abstracto, constitui um tipo de ilícito pode, em concreto, por força das circunstâncias em que é praticado, ser um facto justificado, aprovado pela ordem jurídica e, portanto, não ilícito. Uma norma jurídica (penal ou não penal) pode atribuir eficácia justificante a um facto formalmente típico. Será o caso, por exemplo, da norma sobre a legítima defesa ou sobre o direito de necessidade[4].

É com base no objectivo da protecção do interesse, ou bem jurídico, mais merecedor de protecção, na concreta situação de conflito, que a norma de autorização fundamenta a causa de justificação. A justificação de uma conduta não significa a aprovação jurídica desta conduta, logo, a causa de justificação não é uma excepção normativa, é algo que, em termos jurídicos, é apenas tolerado.

Entre as causas de exclusão da ilicitude ou causas de justificação encontram-se, no que respeita às que são expressamente previstas no n.º 2 do artigo 31.º do Código Penal: a legítima defesa, o exercício de um direito, o cumprimento de um dever imposto por lei ou por ordem legítima da autoridade e o consentimento do titular do interesse jurídico lesado. Esta enumeração refere-se apenas aos principais tipos justificadores, não existindo qualquer regra que limite a existência de outros[5].

---

[4] Artigos 32.º e 34.º do Código Penal.
[5] Nas Actas das Sessões da Comissão Revisora do Código Penal, I, 1965, p. 218, o Prof. Eduardo Correia justificava assim a doutrina do n.º 1 do artigo 31.º do Código Penal: «nem, por outro lado, se pode levar o dogma do positivismo legal até ao ponto de negar a justificação em todos os casos não expressamente previstos na lei, recusando--se sistematicamente a aceitar, por exemplo, a eficácia de causas de justificação supra legais ou de direito natural».

Não se trata de um facto superveniente[6] que torna lícito o que antes era ilícito, de um facto extintivo da ilicitude, mas da coexistência, na mesma situação existencial do facto, previsto na norma incriminadora, da circunstância que integra uma causa de justificação. Esta coexistência de facto típico e circunstância justificativa implica que o facto não pode ser considerado ilícito, porque se trata de um facto permitido pela lei: é a própria lei que exclui a ilicitude do acto, tornando-o lícito.

Questiona-se agora quais serão as possíveis causas de justificação válidas para uma acção ilícita praticada na área do direito tributário.

a) Legítima defesa

O artigo n.º 32.º do Código Penal define a legítima defesa «*como o facto praticado como meio necessário para repelir a agressão actual e ilícita de interesses juridicamente protegidos do agente ou de terceiro*»[7].

A legítima defesa está expressamente consagrada no artigo 21.º da Constituição como constituindo um direito fundamental e também na alínea a) do n.º 2 do artigo 2.º da Convenção Europeia dos Direitos do Homem.

A repulsão de uma agressão é a base da definição legal da legítima defesa. Agressão e defesa são conceitos correlativos, só pode existir defesa quando se verifique uma agressão, ou seja, a agressão é um pressuposto para haver direito à defesa. Naturalmente, a agressão terá que ser ilícita e actual.

No âmbito do tema que nos propomos discutir, importa saber se, porventura, em alguma situação, a cobrança de um tributo pode ser considerada como uma agressão.

Casalta Nabais[8] define o imposto com base em três elementos, a saber: um elemento objectivo, um elemento subjectivo e um elemento

---

[6] A lei fiscal privilegia, em diversas situações, factos supervenientes como atenuantes da pena. Este tema será mais à frente será desenvolvido, sendo totalmente distinta da exclusão da ilicitude (ver *infra* O pagamento: atenuante ou condicionante?, p. 29).

[7] O tema da legítima defesa tem estudos aprofundados nas teses de doutoramento de PALMA, Maria Fernanda – A Justificação por Legítima Defesa como Problema de Delimitação de Direitos, 2 vol., AAFDL, Lisboa, 1990, e de CARVALHO, Américo A. Taipa de – *A Legítima Defesa – Da Fundamentação Teorético-Normativa e Preventivo-Geral e Especial à Redefinição Dogmática*, Coimbra Editora, Coimbra, 1995.

[8] NABAIS, José Casalta – *Direito Fiscal*, Almedina, 2003, p. 11.

teleológico. Objectivamente o imposto é uma prestação pecuniária, unilateral, definitiva e coactiva. Por sua vez, subjectivamente, o imposto é uma prestação, com as características objectivas mencionadas, exigida a detentores de capacidade contributiva a favor de entidades que exerçam funções ou tarefas públicas. Finalmente, em termos teleológicos, o imposto é exigido pelas entidades que exerçam funções públicas para a realização dessas funções, conquanto que não tenham carácter sancionatório.

O imposto é objectivamente uma prestação coactiva, isto é, uma prestação *ex-lege* ou uma prestação que tem por fonte a lei, que é estabelecida por lei. A obrigação de imposto surge, pois, exclusivamente por força do encontro do facto tributário ou do pressuposto de facto do imposto com a lei, que assim modela o seu conteúdo, independentemente, portanto, de qualquer manifestação de vontade do contribuinte nesse sentido, como o prescrevem, de resto em termos muito claros, os n.os 1 e 2 do artigo 36.º da Lei Geral Tributária (LGT), na medida em que dispõem que a relação jurídica tributária se constitui com o facto tributário e os elementos essenciais da mesma não podem ser alterados por vontade das partes.

Nos impostos não existe uma finalidade sancionatória. Existem alternativas, legalmente válidas, para aplicar uma sanção. Estaremos perante uma multa (sanção pecuniária penal), uma coima (sanção pecuniária contra-ordenacional), um confisco (sanção penal traduzida na apreensão e correspondente perda a favor do Estado do produto obtido e dos instrumentos utilizados na prática de acto ilícito)[9], uma indemnização (reparação do prejuízo ou dano causado a outrem através de acto ilícito), etc., mas nunca perante um imposto. Mesmo estas sanções não podem ser consideradas uma agressão, são reacções do Estado contra um comportamento censurável.

A legalidade constitucional talvez seja o mais importante dos fundamentos. A Constituição é indiscutivelmente a primeira das fontes ou

---

[9] O confisco só é constitucionalmente admissível se constituir uma reacção criminal e desde que respeite as exigências da necessidade, da proporcionalidade e da subsidiariedade, isto é, que se apresente como um confisco especial. Excluído está o chamado confisco geral, inadmissível no Estado de Direito, pelo que era mais do que questionável o preceito do n.º 2 do artigo 82.º, da Constituição, que o permitia, e que foi eliminado na Revisão Constitucional de 1982.

modos de revelação das normas jurídico-fiscais. Efectivamente, não há a menor dúvida de que o direito dos impostos se apresenta fortemente moldado pela chamada "constituição fiscal", isto é, por um conjunto de princípios jurídico-constitucionais disciplinadores, ao mais elevado nível, quer de quem, de como, e de quando se tributa, quer do que e do quanto se tributa, estabelecendo assim toda uma teia de limites à tributação.

Enquanto perdurou o Estado de direito liberal ancorado no conceito racional de lei próprio do liberalismo oitocentista, a tutela dos contribuintes face ao poder tributário preocupou-se fundamentalmente com o que hoje consideramos princípios de carácter formal, sobretudo com o princípio da legalidade fiscal, oque bem se compreende, tendo em conta que, no período em referência, era de todo incompreensível que os contribuintes se sentissem oprimidos ou afectados nos seus direitos e liberdades pela lei fiscal, a qual era expressão necessária da razão ou do bem comum.

Assente no conceito racional de lei, o princípio da legalidade fiscal assegurava simultaneamente um adequado processo de instituição dos impostos e uma tributação aprioristicamente justa. Abandonado o conceito racional de lei, e tendo esta passado a ser tão suspeita aos olhos do cidadão como qualquer outra expressão do poder do Estado, os impostos já não podem bastar-se com o princípio da legalidade fiscal, exigindo antes que tenham por base inequívocos critérios materiais de justiça. Daí a actual diversidade de princípios constitucionais, formais e materiais, relativos aos impostos.

Sendo certo que os impostos são o suporte financeiro do Estado, é correcto afirmar que vivemos num "Estado Fiscal", não contraposto ao "Estado de Direito", porque os impostos são o principal meio de suporte do Estado, permitindo a concretização do Estado Democrático de Direito. Em certa altura, para defender determinado ponto de vista, equacionaremos os impostos como um preço que pagamos para viver em liberdade num Estado de Direito.

Há na Constituição muitas e diversificadas expressões no sentido de uma inequívoca opção pelo Estado Fiscal. Neste sentido basta salientar a extensa e, quanto a alguns aspectos, intensa "constituição fiscal"[10].

---

[10] Vide os artigos 66.º, n.º 2, al. h); 81.º, al. b); 103.º, 104.º, 165.º, n.º 1, al. i); 229.º, n.º 1, al. i) e j); 238.º, n.º 4, e 254.º, todos da Constituição.

Posto isto, parece-nos inaceitável uma argumentação a favor da existência de uma agressão actual e ilícita, perante a qual o contribuinte pode utilizar o direito de legítima defesa.

Não será difícil argumentar que, em determinadas situações, o Estado actua agressivamente para cobrar os impostos, nomeadamente, hoje em dia, quando utiliza a sua faculdade de executar impostos antes do contribuinte poder reagir[11], deixando, ao contribuinte, como única alternativa ao pagamento, a prestação de garantia. Este, eventualmente, poderá não ter capacidade para cumprir nenhuma das obrigações que são alternativamente impostas. Todavia, não existe qualquer ilegalidade no processo, pelo que a legítima defesa não é aplicável a esta situação, nem a qualquer outra de natureza tributária.

b) Exercício de um direito

Onde existe um direito não é possível a prática de um crime e onde há crime não há direito.

É necessária a existência de uma norma de direito positivo, dentro da ordem jurídica, mesmo que de outro ramo do direito, para que a alínea b) do n.º 2 do artigo 31.º seja aplicável[12], configurando uma exclusão da ilicitude.

É do interesse comum que nas situações de conflito prevaleça o direito reconhecido, sob pena de o Direito entrar em conflito consigo mesmo. É a decorrência necessária do princípio lógico da não contradição, segundo o qual uma coisa não pode ser e não ser ao mesmo tempo. Se a ilicitude traduz a ideia de oposição entre um facto humano e a ordem jurídica, não se pode atribuir essa mesma ilicitude ao comportamento que se realiza de acordo com essa mesma ordem.

---

[11] Nos termos do artigo 60.º do Código do Procedimento e Processo Tributário (CPPT), os actos tributários praticados por autoridade fiscal competente em razão da matéria são definitivos quanto à fixação dos direitos dos contribuintes, sem prejuízo da sua eventual revisão ou impugnação nos termos da lei.

É regra considerada fundamental do procedimento de reclamação graciosa a inexistência do efeito suspensivo, salvo quando for prestada garantia adequada a requerimento do contribuinte – alínea f) do artigo 69.º do CPPT.

A impugnação judicial tem efeito suspensivo quando, a requerimento do contribuinte, for prestada garantia adequada n.º 4 do artigo 103.º do CPPT.

[12] «Não é ilícito o facto praticado no exercício de um direito».

Naturalmente deve ser respeitado um limite, para não se chegar ao abuso de direito, constante do artigo 334.º do Código Civil[13]. Quando o agente não respeite os limites do seu direito o facto é ilícito, não é justificado. Os poderes que consubstanciam o direito são limitados para serem exercidos dentro desses limites.

A situação em matéria fiscal não é diferente da do direito comum. Existem inúmeras normas que instituem excepções a outras normas. Certas normas que estatuem responsabilidade penal tributária não são aplicáveis quando outra norma prevê que o acto é lícito em determinadas circunstâncias. O caso paradigmático é o Estatuto dos Benefícios Fiscais que estatui normas que têm exactamente como objectivo introduzir limitações, ou excepções, a leis respeitantes a diversos impostos.

c) Direito de necessidade

O direito de necessidade vem previsto no artigo 34.º do Código Penal. É comummente utilizada a designação da epígrafe do artigo 339.º do Código Civil, estado de necessidade, para este instituto.

Quanto ao estado de necessidade desculpante[14], constante do artigo 35.º do Código Penal, não estamos perante uma causa de justificação, mas sim uma causa de exculpação.

Tanto no direito de necessidade, como no estado de necessidade desculpante, existe uma situação de perigo que só pode ser neutralizada mediante a lesão de um interesse ou bem jurídico de uma terceira pessoa alheia[15] à criação da situação de perigo.

É a própria lei que enuncia os pressupostos e requisitos do direito de necessidade. São eles a actualidade do perigo que ameace interesses

---

[13] O abuso de direito consiste no excesso dos limites genéricos de um direito e que, segundo o Código Civil, são a boa-fé, os bons costumes e o fim social ou económico desse direito.

[14] Ver *infra* "Estado de necessidade desculpante", p. 21.

[15] MARQUES DA SILVA, Germano – Direito Penal Português, Verbo Editora, 1998, Volume II, p. 108 afirma que «os bens jurídicos postos em perigo e que podem ser salvaguardados pelo direito de necessidade são bens ou interesses do agente ou de terceiro. (...) O Código Civil também admite o direito de necessidade para salvaguarda de quaisquer interesses juridicamente protegidos, mas, contrariamente ao Código Penal, limita expressamente qual a natureza dos bens que podem ser sacrificados no exercício deste direito: coisa alheia».

juridicamente protegidos do agente ou de terceiro, a adequação do meio, o não ter sido a situação de perigo voluntariamente criada pelo agente, a sensível superioridade do interesse a salvaguardar relativamente ao interesse sacrificado e a razoabilidade da imposição ao lesado do sacrifício do seu interesse.

A aplicação deste instituto no Direito Penal Tributário será alvo de tratamento mais aprofundado ao longo do presente estudo.

d) Cumprimento de um dever

Partilhamos a posição de Germano Marques da Silva quando afirma que o fundamento da disciplina do conflito de deveres é ainda uma situação de necessidade[16].

Existindo a exigência legal de cumprimento de vários deveres incompatíveis, não dando ao respectivo destinatário critério de escolha, não se pode censurar o incumprimento de qualquer deles desde que o outro seja cumprido[17].

À semelhança do que se passa na situação do exercício de um direito, não se pode estar a ter um comportamento criminoso ao mesmo tempo que se está a ter um cumprimento devido. Ou seja, quando se está a cumprir um dever legal é impossível a prática de crime. Não é aplicável esta regra no cumprimento de um dever moral ou religioso.

O cumprimento de um dever legal obedecerá estritamente o prescrito na lei, dentro dos limites aí previstos, evitando-se cair na situação de excesso. Esta norma jurídica deverá existir no ordenamento jurídico, no seu todo, de qualquer sector da ordem jurídica.

O acatamento de uma ordem legítima da autoridade é um caso típico de cumprimento de um dever. A autoridade reconhecida pela ordem jurídica é aquela que pode impor determinados comportamentos sob a cominação de sanções jurídicas.

---

[16] MARQUES DA SILVA, Germano – Direito Penal..., Volume II, p. 123. Em sentido contrário CARVALHO, Américo A. Taipa de – *Direito Penal – Parte Geral*, Publicações Universidade Católica, Porto, 2004, vol. II, p. 253-254 afirma que «actualmente, porém, considera-se, com razão, que o conflito de deveres tem especificidades que o autonomizam do direito de necessidade. Estas especificidades manifestam-se quer no fundamento (da respectiva justificação) quer na estrutura e sobretudo na diferença do regime jurídico de cada uma destas causas de justificação».

[17] CORREIA, Eduardo – *Direito Criminal* – Coimbra Editora, 1971, volume II, p. 93.

O n.º 3 do artigo 271.º da Constituição, referindo-se ao dever de obediência hierárquica, dispõe que «*cessa o dever de obediência sempre que o cumprimento das ordens ou instruções implique a prática de qualquer crime*». A causa de justificação só existirá se a ordem for legítima. Também se deve ter em conta a formalidade da ordem. Complementarmente, o Código Penal, no n.º 2 do artigo 36.º, estipula que o dever de obediência hierárquica cessa quando conduzir à prática de um crime, pelo que dispensamo-nos de alongar sobre esta situação.

Se no direito penal comum poderemos encontrar diversas situações limite, que merecerão uma cuidada análise, diferente amplitude parece-nos haver no direito tributário. O dever existente é o de cumprimento das obrigações tributárias.

Porém, defende Taipa de Carvalho[18] que «*não pode, sem mais, negar-se a existência de um verdadeiro conflito de deveres, e a eventual exclusão da ilicitude penal, na hipótese em que o patrão, na impossibilidade de pagar os salários e os impostos, cumpre o dever jurídico-laboral em detrimento do dever jurídico-penal fiscal*».

Não nos parece sustentável esta posição. Eventualmente pode ter sido sustentável nos tempos em que a nossa sociedade não censurava aqueles que conseguiam "furtar-se" ao pagamento de impostos. Não consideramos que seja esta a situação actual. Até porque, naqueles tempos, a posição já não era pacífica.

O acórdão do Supremo Tribunal de Justiça (STJ) do processo n.º 27.554, do ano de 1950[19], refere-se ao recurso de um comerciante que foi condenado pelo Tribunal da Covilhã por crimes contra a economia. O arguido defendeu-se alegando o estado de necessidade em virtude da crise económica gerada no período de guerra, sendo essa a única forma de manter a empresa a laborar. O argumento foi rejeitado, referindo o acórdão que «*o estado de necessidade representa um perigo, actual ou eminente, de ofensa dos próprios interesses que só pode ser evitado pela lesão de interesses alheios, juridicamente protegidos, mas tudo numa escala hierárquica de valoração de interesses*», concluindo que não há conflito de deveres porque «*a hierarquização dos bens jurídicos impunha

---

[18] CARVALHO, Américo A. Taipa de – *Direito Penal – Parte Geral*, Publicações Universidade Católica, Porto, 2004, vol. II, p. 251.

[19] Boletim do Ministério da Justiça, n.º 20, 1950.

a protecção do interesse geral», além de que «*o recorrente não quis seguir a orientação de outros industriais da Covilhã, também atingidos por aumentos de preço e que tão diferentemente actuaram (...), se de outra forma procedesse logo encontraria os meios menos prejudiciais do que aquele que empregou com ofensa dos interesses dos consumidores e da economia nacional*».

Pode inferir-se a intenção deste acórdão que censurou o arbítrio do agente que decidiu qual era o interesse superior, nem nunca o tribunal poderia decidir de outra forma sob o risco de todo e qualquer comerciante, quando confrontado com situações de dificuldades de tesouraria, poder optar entre a satisfação das suas obrigações perante o interesse geral[20] ou dos seus trabalhadores ou fornecedores.

É de senso comum que a revolução de 1974 foi um marco importante na sociedade portuguesa, sendo que o sector da justiça não foi excepção. A decisão que encontrámos sobre factos mais próximos daquele acontecimento foi a do acórdão do STJ, de 5 de Novembro de 1986, processo n.º 038607, que concluiu que «*cometem o crime previsto na alínea f) do n.º 1 do artigo 1.º do Decreto-Lei n.º 619/76[21], de 27 de Julho, punível com pena de prisão, nos termos dos artigos 2.º e 7.º, n.º 1 do mesmo diploma, os gerentes de uma sociedade comercial que não procederam à entrega nos Cofres do Estado dos impostos de transacções e profissional relativos a vários meses de 1976, 1977 e 1978, tendo aquele sido liquidado nas respectivas facturas de venda e registado nos elementos de contabilidade e este deduzido no vencimento de cada um dos trabalhadores da empresa (...) A circunstância de os réus terem utilizado as quantias devidas ao Estado para manter a laboração da empresa e pagar os salários dos seus trabalhadores não constitui a causa de exclusão de ilicitude tratada no artigo 36.º, n.º 1 do actual Código Penal como conflito de deveres e, à data dos factos, nos artigos 44.º n.º 2, e 45.º do Código Penal de 1886, como estado de necessidade. (...)*

---

[20] É o próprio acórdão que faz chamada ao «interesse geral» sem o definir. Ao longo do presente estudo iremos, no âmbito do tema central, aprofundar a questão do bem jurídico protegido nos crimes tributários. Na presente situação é o próprio funcionamento da economia que surge à cabeça como um interesse geral.

[21] A fraude fiscal é o crime previsto na alínea f) do n.º 1 do artigo 1.º do Regime Jurídico das Infracções Fiscais Não Aduaneiras (RJIFNA). O tema é desenvolvido *infra* p. 41, – "Fraude fiscal".

O dever de pagar os impostos ao Estado é superior ao dever de pagar os salários aos trabalhadores quando um e outro visem a mera tutela de interesses patrimoniais[22]». Efectivamente, apesar da "mudança dos tempos", a valoração dos interesses, e a sua aplicação, mantiveram-se.

A obrigação de pagar os tributos tem natureza legal e o seu incumprimento pode consubstanciar a prática de crime, o que não sucede com a obrigação de cumprir contratos, nomeadamente o pagamento de salários[23]. Trata-se de assegurar tratamento diferenciado e desigual, de todos aceite, justificado e inteiramente compreensível, numa área e a uma entidade vocacionada à realização de fins públicos, de prossecução de incontornáveis interesses de índole financeira, nacionais e comunitários, de subsistência colectiva, de justa repartição dos rendimentos, objectivos ocupantes da posição de topo na pirâmide de interesses, superiorizando-se aos privados, que extrapolam, em muito, a mera responsabilidade contratual.

1.3.2. Causas de exculpação

Não há responsabilidade penal quando a culpa é inexistente. Quando o agente que cometeu um ilícito não puder ser considerado culpado deverá ser absolvido ou ser-lhe aplicada uma medida de segurança.

A distinção entre causas de justificação, que são causas de exclusão de ilicitude, e causas de exculpação, que são causas de exclusão da culpa, pressupõe a distinção entre ilicitude e culpa.

---

[22] Podemos assumir, desde já, que discordamos que o dever de pagar os impostos ao Estado vise a mera tutela de interesses patrimoniais. Ver *infra* «Bem jurídico-penal protegido», p. 112.

[23] Levar às últimas consequências a equiparação entre a obrigação e o desejo de pagar salários, com a manutenção da laboração da empresa, e a obrigação de entregar as quantias devidas ao Fisco, estaria a distorcer gravemente as regras do mercado. Conhecida que é a forte e por vezes feroz concorrência entre empresas, esta determina que nem todas tenham capacidade ou possam continuar a competir. Deste modo, estaria encontrada a medicação perfeita que permitiria que algumas empresas, além de evitarem a perseguição criminal pelos crimes fiscais, usufruíssem de inadmissíveis vantagens de concorrência relativamente àquelas que cumprem as suas obrigações.

Além do mais, para equiparar os deveres, seria ainda necessário que o não pagamento de salários provocasse uma efectiva degradação de vida das famílias que vivem

O Código Penal, no capítulo III do título II da parte geral, apresenta as causas que excluem a ilicitude e a culpa, sendo que as causas que excluem a culpa estão no n.º 2 do artigo 33.º (excesso de legítima defesa resultante de perturbação, medo ou susto, não censuráveis), no artigo 35.º (estado de necessidade desculpante) e no artigo 37.º (obediência indevida desculpante). Esta regulamentação não é exaustiva. Podemos citar como causas de exculpação as causas de inimputabilidade, a falta de vontade, a coacção física ou moral, o erro sobre o facto típico, o erro sobre a ilicitude ou sobre a punibilidade, bem como causas especiais de exculpação previstas na parte especial do Código[24].

a) Estado de necessidade desculpante

Por vezes é feita uma abordagem muito próxima entre o direito de necessidade e o estado de necessidade desculpante, pelo que, anteriormente, já tratámos da sua distinção[25].

A culpa do agente é excluída em razão de uma situação de perigo para bens jurídicos de terceiro[26] por a lei considerar não lhe ser razoavelmente exigível comportamento diverso.

---

desses ordenados. Tal não nos parece exequível (a mesma conclusão consta no acórdão do STJ de 15.01.1997, processo n.º 96P982). Antes de mais, é na tural que as famílias possuam recursos alternativos, ou que o próprio mercado de trabalho rapidam ente supra as eventuais dificuldades temporárias. Mesmo que tal não ocorresse, é o Estado que possui os meios e as políticas para ultrapassar estas dificuldades, nomeadamente através de prestações sociais, como o fundo de desemprego e o rendimento de inserção social. Não cabe aos agentes económicos decidir quando, e a quem, devem ser pagas as prestações. A não entrega de tributos devidos ao Estado pode, hipoteticamente, colocar em causa o pagamento de prestações a quem a lei considera ser possuidor de um direito.

[24] N.º 2 do artigo 151.º – crime de participação em rixa; N.º 3 do artigo 154.º – crime de coacção; N.º 3 do artigo 200.º – omissão de auxílio.

[25] Ver *supra*, Direito de necessidade, p 14.

[26] MARQUES DA SILVA, Germano – Direito Penal ..., Volume II, p. 198, admite que os bens jurídicos ameaçados possam ser do próprio agente. CARVALHO, Américo A. Taipa de – *Direito Penal*, vol. II, p. 360, considera que «*a salvaguarda do bem em perigo só é possível mediante o sacrifício de um bem jurídico alheio (...)*»; O acórdão de 06.06.2006 do STJ, processo n.º 860/02-5.ª afirma que «*o estado de necessidade surge conceptualizado como um estado de perigo actual para qualquer interesse reconhecido pela ordem jurídica e que só pode ser superado mediante a lesão de interesses consagrados de um terceiro*».

É sempre necessário ponderar o valor do bem ameaçado com o valor do bem sacrificado pelo exercício do direito de necessidade. Enquanto no direito de necessidade só é admissível o sacrifício de bens jurídicos alheios para salvaguarda de outros bens jurídicos sensivelmente superiores, no estado de necessidade desculpante admite-se que o bem protegido seja de igual ou menor valor do bem jurídico sacrificado pelo comportamento do agente. A lei considera que, embora a conduta do agente seja ilícita, não lhe era razoavelmente exigível comportamento diferente em face das circunstâncias concretas.

Diferentemente do direito de necessidade, no estado de necessidade desculpante os bens jurídicos em perigo são sempre bens jurídico-penais pessoais, como a vida, a honra[27], a liberdade e a integridade física.

Considerando que já excluímos o pagamento de salários como uma causa de justificação para o empresário que deixa de pagar os tributos[28], e seguindo a mesma linha de pensamento, numa primeira aproximação à questão, não seria facilmente equacionável que o estado de necessidade desculpante possa ser considerado um meio adequado à exculpação do agente. Porém, admitimos ser possível, em situações muito específicas, que a utilização de verbas que se destinam ao pagamento de tributos para proteger bens jurídico-penais pessoais, como a vida, a liberdade e a integridade física,se enquadre dentro dos pressupostos do estado de necessidade desculpante.

Podemos dar como exemplo a situação do empresário que utiliza a verba que devia destinar-seao pagamento de tributos para suportar os custos de uma intervenção cirúrgica urgente no estrangeiro de um familiar ou de um funcionário. Aparentemente temos uma situação em que não está em causa a mera tutela de interesses patrimoniais, como ocorre no caso da opção de pagamento de salários aos trabalhadores. Eventualmente existiriam alternativas para a cirurgia. Nesse caso é requisito que,

---

[27] Tendo em conta que a desculpação pressupõe que o bem sacrificado pertença a uma terceira pessoa que é alheia à situação de perigo, e que este bem seja mais ou tão importante que o bem a salvaguardar, não nos parece aceitável que se inclua a honra no conjunto de bens que podem estar na base da desculpação do agente. Não desvalorizamos o bem jurídico honra, todavia aquando da valoração comparativa entre esta e bens jurídicos alheios, a honra dificilmente será o bem de valor superior. O Código Penal alemão nã o a inclui.

[28] Ver *supra,* Cumprimento de um dever, p. 15 e ss.

embora a conduta do agente tenha sido ilícita, não lhe era razoavelmente exigível comportamento distinto em face das circunstâncias concretas.

O Código Penal prevê, no n.º 2 do artigo 35.º, a dispensa ou atenuação especial da pena quando o perigo ameaçar interesses jurídicos diferentes da vida, da integridade física, da honra ou da liberdade.

Consideremos agora um agente que, de forma consciente e livre, deixou de entregar nos cofres do Estado contribuições e impostos devidos, com continuidade ao longo do tempo, por ter tido dificuldades várias, como, por exemplo, o pagamento de juros elevados, desde crises financeiras e conjunturais à obsolescência do parque de maquinaria, ao facto de manter dezenas de trabalhadores ou à perda de crédito na banca, com fuga da clientela.

Devemos recordar que a natureza de *ultima ratio* punitiva na eventual aplicação da pena de prisão também vigora em sede de direito tributário, por via subsidiária nos termos do artigo 3.º do RGIT, só devendo a ela recorrer-se quando a pena não privativa da liberdade ainda assim se revele suficiente para realizar, de forma adequada e suficiente, as finalidades da punição[29].

A esse agente favorece, atenuando, o propósito de solver, com as importâncias retidas, despesas da sociedade, que considerou prioritárias, ligadas a compromissos salariais e fornecedores de matérias-primas, bem como a sua modesta condição e a ausência de antecedentes criminais.

Questiona-se, então, se estão reunidas as condições para ser invocado estado (ou quase) de necessidade desculpante por não haver outra alternativa senão ofender a lei, praticando-se o facto ilícito para remoção inevitável de perigo, actual, de ameaça à vida, à integridade física, à honra ou à liberdade do agente ou de terceiro. Funciona, também, o n.º 2 do artigo 35.º se o perigo de ameaça contra outros interesses jurídicos diferentes se verificar, ocorrendo aqueles pressupostos previstos no n.º 1, podendo a pena ser especialmente atenuada ou, excepcionalmente, o agente ser dispensado dela.

A atenuação ou dispensa no caso do n.º 2 não é obrigatória. Suponhamos que o agente tirou claro proveito da falta de controlo dos serviços fiscais do Estado, assim deixando avolumar a falta das entregas das prestações deduzidas[30]. Sabendo que praticava acto proibido, e que causava

---

[29] Artigo 70.º do Código Penal.
[30] Situação muito vulgar que tem vindo a ser alvo de repetidas acções para a combater pelos governos actuais.

prejuízos aos destinatários de tais prestações (Estado e Segurança Social), além de que o financiamento de uma empresa no âmbito de pagamento de salários e das aquisições de matérias-primas não se faz à custa de dinheiros alheios, é, claramente, de excluir a atenuação especial da pena, que supõe culpa, ilicitude e necessidade de pena de forma acentuadamente reduzida[31], quando o juízo de reprovação social é elevado e o sentimento de justiça reclama intervenção vigorosa do direito penal[32].

A exculpação levaria ao amolecimento da obrigação de se pagar impostos, ao seu aviltamento, à dificílima sustentabilidade da Segurança Social e à ruína do património fiscal do Estado.

Podemos eventualmente admitir que a intenção do agente seja considerada como uma situação com valência atenuativa na determinação da medida da pena, nos termos do artigo 71.º do Código Penal, mas não situação de necessidade desculpante.

A lei especial que regula os crimes tributários, o RGIT, dá particular atenção às formas de dispensa e atenuação especial da pena, bem como da suspensão da execução da pena. Não quer isto dizer que a parte geral do Código Penal, nomeadamente o seu artigo 35.º, não seja aplicável aos crimes tributários. Porém, não pode haver uma aplicação directa e exclusiva do Código Penal quando existe uma lei especial que possui estipulações sobre a situação.

O n.º 2 do artigo 22.º do RGIT coloca como requisito para a atenuação especial da pena a reposição da verdade tributária e o pagamento da prestação tributária e demais acréscimos legais. Da mesma forma, o artigo 14.º do mesmo diploma legal condiciona a suspensão da pena ao pagamento da prestação tributária e acréscimos legais. Não é aceitável ir buscar ao Código Penal uma forma de atenuação especial da pena quando a lei especial exige o pagamento da prestação tributária e demais acréscimos legais, indo contra a intenção do legislador do RGIT.

b) Erro sobre a punibilidade

O erro é a falsa representação da realidade ou mesmo a ausência de representação. Se é certo que o n.º 1 do artigo 16.º do Código Penal exclui o dolo perante a situação de erro do agente, não é menos verdade

---

[31] N.º 1 do artigo 72.º do Código Penal.
[32] Neste exacto sentido: Acórdão do STJ de 31 de Maio de 2006, processo n.º 06P1294.

que se exige que o erro incida sobre um tipo de crime, sobre proibições, cujo conhecimento seja razoavelmente indispensável para que o agente possa tomar consciência da ilicitude do facto. Só se coloca a questão de relevância do erro nos tipos de crime dolosos.

Em matéria tributária a situação não é diferente do direito comum, embora não encontremos facilmente situações em que o agente está em erro sobre o facto típico. O desconhecimento sobre um elemento do tipo tem como consequência a inexistência do dolo. Se o erro for culposo e o crime estiver previsto na lei a título de negligência haverá crime negligente[33]. O RGIT só prevê a punição da negligência a título contra-ordenacional, ou seja, as infracções tributárias não são penalmente puníveis a título de negligência.

O nosso ordenamento jurídico dá guarida e inequívoca consagração ao princípio de que o desconhecimento da lei não aproveita a ninguém[34]. Mesmo assim, para incriminação nos crimes fiscais omissivos geralmente é necessária a notificação do agente para efectuar o pagamento do tributo[35]. Nos crimes comissivos o agente é quem cria a situação para a qual pretende obter ganhos ilícitos, donde dificilmente o agente estará em erro.

Dispõe o n.º 2 do artigo 16.º do Código Penal que «*o preceito no número anterior abrange o erro sobre um estado de coisas que, a existir, excluiria a ilicitude do facto ou a culpa do agente*». Trata-se ainda de um

---

[33] Ver *infra* "Dolo", p. 50: A construção do dolo e a negligência no crime de fraude fiscal.

[34] Artigo 6.º do Código Civil.

[35] Após a redacção que lhe foi dada pelo art.º 95.º da Lei do Orçamento de Estado para 2007, o crime de abuso de confiança fiscal, constante no artigo 105.º do RGIT, passou a ser punível somente se tiverem decorrido mais de 90 dias sobre o termo do prazo legal de entrega da prestação e a prestação comunicada à administração tributária através da correspondente declaração não for paga, acrescida dos juros respectivos e do valor da coima aplicável, no prazo de 30 dias após a comunicação para o efeito.

Esta estipulação visou a diminuição de processos em que o agente pratica o abuso de confiança fiscal e efectua o pagamento para beneficiar da dispensa e atenuação especial da penal (artigo 22.º do RGIT). No nosso entender essa norma não irá diminuir a quantidade de processos em tribunal, já que o referido artigo 22.º mantém-se em vigor, e veio causar incidentes nos processos pendentes. A aplicação do princípio da lei mais favorável trouxe alguma controvérsia nos tribunais. Alguns arquivaram os processos pel a falta de notificação prévia, outros avisaram os serviços da administração tributária para efectuarem a notificação e ainda outros notificaram os arguidos para pagar a prestação em dívida, acréscimos legais e a coima pelo valor mínimo.

erro de ciência e não de um erro de consciência. Existe uma clara equiparação do erro sobre os pressupostos de uma causa de justificação ao erro sobre os elementos do tipo.

No âmbito do presente estudo, o erro sobre os requisitos das causas de justificação leva-nos ao ponto em que discutimos o estado de necessidade desculpante[36].

Já concluímos que não se está em estado de necessidade desculpante, nem existe um conflito de deveres, quando o agente comete um abuso de confiança fiscal com a finalidade de cumprir uma obrigação contratual, como, por exemplo, o pagamento aos trabalhadores. Questiona-se agora se está em erro o agente que configura ser mais importante pagar aos trabalhadores, com quem convive todos os dias, em detrimento dos impostos, junto de uma entidade chamada Estado que o agente considera "uma entidade abstracta".

Os argumentos anteriormente esgrimidos sobre o juízo de reprovação social elevado e o sentimento de justiça que reclama a intervenção vigorosa do direito penal[37] leva-nos a não assumir o erro do agente como sendo um erro não censurável.

Ficará sempre ao critério do julgador a aplicação do n.º 2 do artigo 17.º, que apesar de ter o dever de punir o agente com a pena aplicável ao crime doloso, poderá atribuir uma atenuação à pena.

---

[36] Ver *supra* Estado de necessidade desculpante, p. 21.
[37] Ver infra "Legitimidade da criminalização", p. 110.

Os sentimentos que expressamos, não sendo universais, são significativos e têm crescido ao longo das últimas décadas. O texto do Professor Germano Marques da Silva, consultado em 10.08.2007 no site http://www.oa.pt/cd/Publicacoes/Boletim/detalhe_artigo.aspx?sidc=32230&idc=4336_2&idsc=_43732&idr=43365&ida=10925 é demonstrativo dessa evolução: «(...) nos fins dos anos sessenta do século passado, quando o meu saudoso Mestre, Prof. Manuel Cavaleiro de Ferreira, me convidou para seu assistente em Direito Penal, respondi-lhe que precisava de ganhar a vida e por isso pensava antes dedicar-me ao direito dos negócios. Disse-me: se é só por isso, não se preocupe, o Direito Penal fiscal não tarda aí...

Como com muitas outras coisas acontece, passaram-se entretanto trinta anos e ainda antes de escrever e ensinar sobre Direito Penal fiscal e de assumir a responsabilidade pela reforma do regime das infracções tributárias, deu-me para escrever e militar pela moralização tributária e até já me convenci que mesmo em termos de ética puramente utilitarista constitui supremo gozo o de pagar impostos, sobretudo quando a base da incidência tributária são benefícios reais».

Convém ainda referir que as pessoas que exercem determinada actividade têm o dever reforçado de conhecer as normas jurídicas que regulam essa actividade, não podendo, por isso, quando as desconhecem, ser equiparadas aos restantes cidadãos. Deve, assim, salvo situações excepcionais, ser-lhe aplicável o regime mais severo do Código Penal.

c) Obediência indevida desculpante

Esta situação já foi referida anteriormente[38], porém, por questão de sistematização, consideramos oportuna a referência autónoma.

É a Constituição que, no n.º 3 do artigo 271.º, dispõe que «*cessa o dever de obediência sempre que o cumprimento das ordens ou instruções implique a prática de qualquer crime*». Estipula o n.º 2 do artigo 36.º do Código Penal que o dever de obediência hierárquica cessa quando conduzir à prática de um crime.

O cumprimento de um dever imposto por lei ou por ordem legítima da autoridade exclui a ilicitude, porém, não existe dever de obediência quando o cumprimento da ordem conduza à prática de um crime. O funcionário não deve obediência à ordem do seu superior hierárquico quando esta conduz à prática de um crime. Se o fizer comete facto ilícito, isto é, o crime cometido não é justificado pelo dever de obediência.

Também no direito privadonunca há o dever de obediência quando a ordem do superior conduza à prática de crime, mas existe a possibilidade, nos termos gerais, de exclusão do dolo ou da culpa do subordinado que cumpre a ordem por erro sobre o dever a cumprir.

1.3.3. O pagamento: atenuante ou condicionante?

Já fizemos uma referênciaaos efeitos que o pagamento da prestação tributária e dos acréscimos legaistêm no processo[39]. Consideramos ser este o momento oportuno para aprofundar um pouco este ponto.

Já o anterior regime punitivo das infracções fiscais, o Regime Jurídico das Infracções Fiscais não Aduaneiras (RJIFNA), dava uma especial atenção ao pagamento do imposto e dos acréscimos legais. Enquanto o

---

[38] Ver *supra* Estado de necessidade desculpante, p. 21.
[39] Ver *supra* Estado de necessidade desculpante, p. 25.

n.º 7 do artigo 11.º condicionava a suspensão da pena ao pagamento, o artigo 26.º dispunha sobre o arquivamento do processo, isenção e redução da pena quando se repusesse a verdade fiscal[40].

O RGIT dá ênfase ao pagamento da prestação tributária e dos acréscimos legais como condição para suspensão da execução da pena de prisão e dispensa e atenuação especial da pena (artigos 14.º e 22.º, respectivamente).

Pode argumentar-se que as disposições em causa criam um privilégio a favor do Estado, que vê os seus créditos garantidos pelo *jus puniendi* de que o próprio Estado está armado, sem suficiente justificação ética, pois não pode o Estado mobilizar o arsenal de meios sancionatórios criminais em defesa da efectivação tempestiva dos seus créditos tributários e denegar o mesmo tratamento aos credores privados, apesar de tudo, com muito menos meios de reacção contra-fáctica.

Mais, incriminando e punindo contribuintes em incumprimento, o Estado não dispensa idêntica tutela privilegiada aos seus credores quando se constitui ele próprio em devedor em mora – escolhas que não são legitimadas à vista dos princípios de igualdade e proporcionalidade e onde falta a "superioridade ética" do Estado, imanente ao Estado de Direito, tudo com violação dos princípios constitucionais contidos nos artigos 2.º e 13.º da CRP.

Todavia, não é esse o nosso entendimento.

A solução de punir criminalmente as infracções às normas reguladoras dos impostos e dos regimes de Segurança Social revela a importância atribuída à defesa dos interesses públicos subjacentes à legislação em causa, em consonância com a incumbência atribuída ao Estado, pelo artigo 63.º, n.º 2, da Constituição da República Portuguesa, de «*organizar, coordenar e subsidiar um sistema de Segurança Social*»[41].

As obrigações em causa não são meramente contratuais, antes derivam da lei. Por exemplo, nos crimes de abuso de confiança (artigo 105.º

---

[40] Sobre a "reposição da verdade fiscal" ver *infra* "Bem jurídico protegido", p. 104, a nossa dúvida quanto ao bem jurídico protegido. De realçar que enquanto no n.º 1 do artigo 26.º do RJIFNA o requisito é a reposição da verdade fiscal e que se mostre estarem pagos os impostos, a dívida e os eventuais acréscimos legais, dando então abertura para o arquivamento, o n.º 3 do mesmo artigo só exige a reposição da verdade fiscal, podendo a pena ser reduzida para metade.

[41] Ver *infra* "Legitimidade da criminalização", p. 110.

do RGIT) e abuso de confiança contra a Segurança Social (artigo 107.º do RGIT) impõe-se a entrega de montantes recebidos de terceiros ou retidos a terceiros. Nestas situações, os contribuintes encontram-se instituídos em posição que poderemos aproximar da do fiel depositário. A não entrega atempada da prestação torna possível a instauração do procedimento criminal, mas o que importa para a punibilidade do comportamento é a apropriação dolosa da referida prestação[42].

A situação pode aproximar-se do crime de abuso de confiança previsto e punido pelo Código Penal (artigo 205.º), que é um crime contra o património, cuja consumação ocorre com a apropriação ilegítima de coisa móvel alheia entregue por título não translativo de propriedade. Importa referir que o artigo 206.º do Código Penal estipula que a pena é especialmente atenuada quando a coisa ilegitimamente apropriada for restituída, ou tiver lugar a reparação integral do prejuízo causado, donde se conclui que a norma do RGIT não é inovadora, existindo uma situação similar do direito penal comum.

a) Prisão por dívidas

O Tribunal Constitucional pronunciou-se sobre a questão da constitucionalidade dos artigos 24.º e 27.º-B, do RJIFNA[43], no sentido de que tais normas não violam o princípio de que ninguém pode ser privado da sua liberdade pela única razão de não poder cumprir uma obrigação contratual, implicado pelo direito à liberdade e segurança consagrado no artigo 27.º, n.º 1, da Constituição, em consonância com o previsto no artigo 1.º do Protocolo n.º 4 adicional à Convenção Europeia dos Direitos do Homem.

Com efeito, afirma-se no citado Acórdão n.º 312/00 que *«o artigo 1.º do Protocolo n.º 4 Adicional à CEDH estabelece o seguinte: 'ninguém*

---

[42] Este mesmo entendimento está no acórdão n.º 389/2001 (disponível em www.tribunalconstitucional.pt) e pelo acórdão n.º 516/2000 (Diário da República, II série, de 31 de Janeiro de 2001), no qual estava em causa a norma do artigo 27.º-B do RJIFNA (Abuso de confiança em relação à Segurança Social), posteriormente seguido pelos acórdãos n.os 427/2002 e 494/2004 (ambos disponíveis em www.tribunalconstitucional.pt).

[43] Acórdãos n.os 312/00 de 20 de Junho e 516/00 de 22 de Outubro (Diário da República, II série, de 31 de Janeiro de 2001).

pode ser privado da sua liberdade pela única razão de não poder cumprir uma obrigação contratual'.»

Dos trabalhos preparatórios do referido Protocolo resulta que o que se proíbe no artigo 1.º é a prisão por dívidas, porque uma tal situação é contrária à noção de liberdade e dignidade humanas. Com efeito, privar um indivíduo da liberdade só porque ele não dispõe de meios materiais para cumprir as suas obrigações contratuais contende com o respeito pela dignidade da pessoa humana.

Porém, como se escreveu no Acórdão n.º 663/98[44], que aqui se acompanha de perto, «*a privação da liberdade não é proibida se outros factos se vêm juntar à incapacidade de cumprir uma obrigação contratual*».

Nestes casos e no caso de a impossibilidade de cumprir não ser devida a negligência, ou seja, tendo o agente culposamente criado a impossibilidade de cumprimento, o direito penal pode prever tipos de crimes puníveis com prisão.

Contudo, aceite a existência de uma norma ou princípio que proíba a prisão pela simples razão da incapacidade de pagar uma dívida contratual, tal implica a proibição da existência de uma lei penal que, apenas com esse pressuposto, determine a prisão do devedor.

De facto, a tutela das obrigações contratuais do cidadão faz-se através das adequadas sanções no âmbito do direito privado. Na verdade, uma eventual prisão por dívidas viola os princípios da necessidade das restrições dos direitos fundamentais, designadamente da pena (artigo 18.º, n.º 2, da Constituição) e da culpa (decorrente da dignidade da pessoa humana – artigo 1.º da Constituição).

Mas sempre que há violação de bens ou valores que, na perspectiva da culpa, mereçam uma especial reprovação, provocando mesmo justificado alarme social, então a prevenção de tais infracções exige o recurso às sanções penais. A tutela penal, no âmbito de um Estado de direito material, de natureza social e democrático, deve intervir com os instrumentos próprios da sua actuação apenas quando se verifiquem lesões insuportáveis ou intoleráveis da vida em comunidade, por forma a não se permitir o livre desenvolvimento da pessoa.

---

[44] Diário da República, II Série, de 15 de Janeiro de 1999.

Tem, pois, de considerar-se que a proibição de «prisão por dívidas» é princípio decorrente da Constituição da República Portuguesa[45] sendo, porém, certo que entre nós sempre se entendeu que o princípio só se aplicava aos «devedores de boa fé», dele se excluindo os casos de provocação dolosa de incumprimento[46].

Por outro lado, as razões aduzidas para a proibição da «prisão por dívidas» não se aplicam quando a obrigação não deriva de contrato mas da lei[47].

Deve entender-se que a norma penal incriminadora de um crime tributário não viola o princípio de que ninguém pode ser privado da sua liberdade pela única razão de não poder cumprir uma obrigação contratual, princípio implicado no direito à liberdade e segurança (artigo 27.º, n.º 1, da Constituição).

Ao concordarmos que as infracções penais tributárias são punidas com base em princípios totalmente distintos dos da "prisão por dívidas", ainda se poderiam levantar dúvidas sobre se as estipulações dos artigos 14.º e 21.º do RGIT são inconstitucionais ao condicionar, por exemplo, a suspensão da pena ao pagamento da prestação tributária e dos acréscimos legais. Devemos considerar a existência, ou não, de outros factos que se juntem à incapacidade de entregar uma importância ao Estado. Isto poderia constituir uma violação os artigos 2.º, 13.º e n.º 2 do artigo 18.º, todos da Constituição.

O Tribunal Constitucional já por diversas vezes se pronunciou no sentido da não inconstitucionalidade da norma do artigo 14.º do RGIT[48], bem como do artigo 11.º, n.º 7 do RJIFNA.

Comparando o n.º 7 do artigo 11.º do RJIFNA com o posterior artigo 14.º do RGIT, verifica-se que ambos condicionam a suspensão da execução da pena de prisão ao pagamento das quantias em dívida. Não sendo pagas tais quantias, o primeiro preceito remetia, em parte, para o regime do Código Penal relativo ao não cumprimento culposo das

---

[45] Acórdão n.º 440/87, Acórdãos do Tribunal Constitucional, vol. 10, 1987, p. 521.
[46] Acórdão do Tribunal Constitucional n.º 663/98, Diário da República, II Série, n.º 12, de 15 de Janeiro de 1999, p. 592.
[47] Idem.
[48] Acórdãos n.º 256/03, n.º 335/03 e n.º 500/05, o primeiro publicado no Diário da República, II Série, de 2 de Julho de 2003, e os outros disponíveis em www.tribunalconstitucional.pt.

condições da suspensão. Já o segundo preceito, que englobou tal regime do Código Penal, não faz referência à necessidade de culpa do condenado.

De qualquer modo, deve entender-se que a aplicação subsidiária do Código Penal, bem como a circunstância de só o incumprimento culposo conduzir a um prognóstico desfavorável relativamente ao comportamento do delinquente, implicam a conclusão de que o n.º 2 do artigo 14.º do RGIT, quando se refere à falta de pagamento das quantias, tem em vista a falta de pagamento culposa[49].

O Tribunal Constitucional já se pronunciou por questão próxima da que nos ocupa. Assim, o Tribunal Constitucional[50] não julgou inconstitucional a norma do artigo 49.º, n.º 1, alínea a), do Código Penal de 1982 (versão originária), na parte em que ela permite que a suspensão da execução da pena seja subordinada à obrigação de o réu «pagar dentro de certo prazo a indemnização devida ao lesado». Nesse acórdão, depois de se ter salientado que se deve considerar como princípio consagrado na Constituição a proibição da chamada prisão por dívidas, entendeu-se, para o que aqui releva, que «(...)nos termos do artigo 50.º, alínea d), do actual Código Penal, o tribunal pode revogar a suspensão da pena, "se durante o período da suspensão o condenado deixar de cumprir, com culpa, qualquer dos deveres impostos na sentença", v.g., o de "pagar dentro de certo prazo a indemnização devida ao lesado" [artigo 49.º, n.º 1, alínea a), primeira parte]. Nunca, porém, se poderá falar numa prisão em resultado do não pagamento de uma dívida: – a causa primeira da prisão é a prática de um acto punível (artigo 48.º do Código). Como se escreveu no acórdão recorrido, «o que é vedado é a privação da liberdade pela única razão do não cumprimento de uma obrigação contratual, o que é coisa diferente». Aliás, a revogação da suspensão da pena é apenas uma das faculdades concedidas ao tribunal pelo citado artigo 50.º para o caso de, durante o período da suspensão, o condenado deixar de cumprir, com culpa, qualquer dos deveres impostos na sentença: – na verdade, conforme os casos, pode o tribunal, em vez de

---

[49] DIAS, Jorge de Figueiredo – Direito Penal Português, Parte Geral, As Consequências Jurídicas do Crime, Aequitas, 1993, p 342-343, afirma que «pressuposto material de aplicação da suspensão da execução da pena de prisão é a existência de um prognóstico favorável a esse respeito».

[50] Acórdão n.º 440/87 de 4 de Novembro, publicado em Acórdãos do Tribunal Constitucional, 10º volume, 1987, p. 521.

revogar a suspensão, fazer-lhe [ao réu] uma solene advertência [alínea a)], exigir-lhe garantias do cumprimento dos deveres impostos [alínea b)] ou prorrogar o período de suspensão até metade do prazo inicialmente fixado, mas não por menos de um ano» [alínea c)]».

Apesar da afinidade com a questão que estamosa apreciar, nos arestos citados não estava em causa o problema da conformidade constitucional, à luz dos princípios da adequação e da proporcionalidade, da imposição de uma obrigação que, no próprio momento em que é imposta, pode ser de cumprimento impossível pelo condenado, mas um outro que era o de «*saber se o condicionamento da suspensão pelo pagamento da indemnização não configuraria, quando aquele pagamento não viesse a ser feito, uma (inconstitucional) prisão por dívidas»*. De qualquer modo, dos arestos citados extrai-se uma ideia importante para a resolução da presente questão: é ela a de que não faz sentido analisá-la à luz da proibição da prisão por dívidas. Na verdade, mesmo que se considere desproporcionada a imposição da totalidade da quantia em dívida como condição de suspensão da execução da pena, o certo é que o motivo primário do cumprimento da pena de prisão não radica na falta de pagamento de tal quantia, mas na prática de um facto punível.

A questão em análise tem também algumas afinidades com a questão da conformidade constitucional do estabelecimento dos limites da pena de multa em função do valor da prestação em falta, analisada pelo Tribunal Constitucional a propósito do n.º 1 do artigo 24.º e n.º 4 do artigo 23.º do RJIFNA[51]. Neste último aresto, disse-se nomeadamente o seguinte:

«*(...) Por outro lado – e sendo certo que o legislador goza de ampla margem de liberdade na fixação dos limites mínimo e máximo das molduras penais –, não se afigura que o critério da vantagem patrimonial pretendida pelo agente, adoptado na norma em apreço, se revele ofensivo dos princípios da necessidade, proporcionalidade e adequação das penas. Contrariamente ao que sustenta o recorrente, a adopção de um tal critério não significa que a pena aplicável ao crime de fraude fiscal prossiga o fim da retaliação ou da expiação. É que a conduta que lhe subjaz é tanto mais grave e socialmente mais lesiva quanto mais elevado*

---

[51] Por exemplo, os acórdãos n.º 548/01, de 7 de Dezembro, e n.º 432/02, de 22 de Outubro, respectivamente publicados no Diário da República, II Série, n.º 161, de 15 de Julho de 2002, p 12639, e n.º 302, de 31 de Dezembro de 2002, p. 21183.

for o montante envolvido: como tal, é ainda a protecção de um bem jurídico o que se visa e não a mera censura do agente. (...)».

Desta passagem retira-se uma importante consideração para o problema que nos ocupa. É ela a de que, podendo a realização dos fins do Estado justificar a adopção do critério da vantagem patrimonial no estabelecimento dos limites da pena de multa, não há qualquer motivo para censurar, como desproporcionada, a obrigação de pagamento da quantia em dívida como condição da suspensão da execução da pena. As razões que, relativamente à generalidade dos crimes, subjazem ao regime constante do artigo 51.º, n.º 2, do Código Penal, não têm necessariamente de assumir preponderância nos crimes tributários: no caso destes crimes, a eficácia do sistema fiscal pode perfeitamente justificar regime diverso, que exclua a relevância das condições pessoais do condenado no momento da imposição da obrigação de pagamento e atenda unicamente ao montante da quantia em dívida.

As normas em apreço não se afiguram, portanto, desproporcionadas, quando apenas encaradas na perspectiva da automática correspondência entre o montante da quantia em dívida e o montante a pagar como condição de suspensão da execução da pena, atendendo à justificável primazia que, no caso dos crimes fiscais, assume o interesse em arrecadar impostos.

Cabe-nos, todavia, questionar se não existirá desproporção quando, no momento da imposição da obrigação, o julgador se apercebe de que o condenado muito provavelmente não irá pagar o montante em dívida, por impossibilidade de o fazer. Perante tal impossibilidade, a lei não exclui a possibilidade de suspensão da execução da pena. Dir-se-á que tal exclusão se encontra implícita na lei, atendendo a que não seria razoável que a lei permitisse ao juiz condicionar a suspensão da execução da pena de prisão ao cumprimento de um dever que ele próprio sabe ser de cumprimento impossível. Todavia, tal objecção não procede, pois traz implícita a ideia de que o juiz necessariamente elabora um prognóstico quanto à possibilidade de cumprimento da obrigação, no momento do decretamento da suspensão da execução da pena. Ora, nada permite supor a existência de um tal prognóstico: sucede apenas que a lei[52], verificadas

---

[52] Não nos pronunciamos sobre o mérito da opção do legislador porque este aspecto é irrelevante para a questão de constitucionalidade que nos ocupa.

as condições gerais de suspensão da execução da pena (nas quais não se inclui a possibilidade de cumprimento da obrigação de pagamento da quantia em dívida), permite o decretamento de tal suspensão. O juízo do julgador quanto à possibilidade de pagar é, para tal efeito, indiferente.

Mesmo parecendo impossível o cumprimento no momento da imposição da obrigação que condiciona a suspensão da execução da pena, pode suceder que, mais tarde, se altere a fortuna do condenado e, como tal, seja possível ao Estado arrecadar a totalidade da quantia em dívida. A imposição de uma obrigação de cumprimento muito difícil ou de aparência impossível teria assim esta vantagem: a de dispensar a modificação do dever no caso de alteração (para melhor) da situação económica do condenado. E, neste caso, não se vislumbra qualquer razão para o seu tratamento de favor, nem à luz do princípio da culpa, nem à luz dos princípios da proporcionalidade e da adequação.

O não cumprimento não culposo da obrigação não determina a revogação da suspensão da execução da pena. Como claramente decorre do regime do Código Penal para o qual remetia o n.º 7 do artigo 11.º do RJIFNA, bem como o n.º 2 do artigo 14.º do RGIT, a revogação é sempre uma possibilidade. Não colidem, assim, com os princípios constitucionais da culpa, adequação e proporcionalidade, as normas contidas no artigo 11.º, n.º 7, do RJIFNA, e no artigo 14.º do RGIT.

Por último, sob este aspecto, importa ponderar o risco existente, dentro da política criminal fiscal, havendo a possibilidade do condicionamento da suspensão em uma quantia indexada à capacidade financeira do condenado.

Se a conduta do agente é merecedora de uma condenação em pena de prisão, não nos parece bom exemplo perante os contribuintes cumpridores, a possibilidade de o pagamento ser de montante inferior à prestação tributária e acréscimos legais[53].

Ainda há que referir a hipotética violação do princípio da igualdade, se tivermos em conta que as normas em análise fazem do Estado um credor preferencial. Como se sabe, o Tribunal Constitucional tem reiteradamente afirmado[54] que «*é sabido que o princípio da igualdade, tal*

---

[53] Na nota 108, *infra*, colocamos em causa se hoje ainda será correcto, em termos de política criminal, a possibilidade da dispensa, atenuação e suspensão da pena aquando da reposição da verdade sobre a situação tributária.

[54] Esta é uma formulação repetida frequentemente pelo Tribunal Constitucional. Por exemplo, os Acórdãos n.ºs 39/88, 325/92, 210/93, 302/97, 12/99 e 683/99, publicados

como tem sido entendido na jurisprudência deste Tribunal, não proíbe ao legislador que faça distinções – proíbe apenas diferenciações de tratamento sem fundamento material bastante, sem uma justificação razoável, segundo critérios objectivos e relevantes. Como princípio de proibição do arbítrio no estabelecimento da distinção, o princípio da igualdade tolera, pois, a previsão de diferenciações no tratamento jurídico de situações que se afigurem, sob um ou mais pontos de vista, idênticas, desde que, por outro lado, apoiadas numa justificação ou sob um ponto de vista que possa ser considerado relevante.

(...) O princípio da igualdade apresenta-se, assim, como um limite à liberdade de conformação do legislador.

(...) Todavia, a vinculação jurídico-material do legislador a este princípio não elimina a liberdade de conformação legislativa, pois lhe pertence, dentro dos limites constitucionais, definir ou qualificar as situações de facto ou as relações da vida que hão-de funcionar como elementos de referência a tratar igual ou desigualmente. Só existe violação do princípio da igualdade enquanto proibição de arbítrio quando os limites externos da discricionariedade legislativa são afrontados por carência de adequado suporte material para a medida legislativa adoptada. Por outro lado, as medidas de diferenciação devem ser materialmente fundadas sob o ponto de vista da segurança jurídica, da praticabilidade, da justiça e da solidariedade, não se baseando em qualquer razão constitucionalmente imprópria»[55].

Considera-se, todavia, que a justificação atrás apresentada para não julgar contrária à Constituição a incriminação constante dos artigos 105.º e 107.º do RGIT vale ainda para afastar qualquer violação do princípio da igualdade, sendo claramente justificada a distinção, para este efeito, dos créditos provenientes da prática de infracções tributárias com tutela penal dos créditos da titularidade de particulares.

---

em Acórdãos do Tribunal Constitucional, respectivamente, vol. 11.º, p. 233 e ss., 23.º, p. 369 e ss., 24.º, p. 549 e ss., 36.º, p. 793 e ss., e no Diário da República, 2ª série, de 25 de Março de 1999 e de 3 de Fevereiro de 2000.

[55] Acórdão n.º 187/2001 (Diário da República, I I Série, de 26 de Junho de 2001).

2. FRAUDE FISCAL

O RGIT reuniu, num único diploma, a maior parte das normas de carácter especial relativas à globalidade das infracções tributárias, abrangendo quer as aduaneiras, quer as não aduaneiras, bem como os crimes contra a Segurança Social[56]. As infracções contra a Segurança Social, consideradas como ilícitos de mera ordenação social (contra-ordenações), mantiveram-se fora da alçada deste diploma legal[57].

Após o 25 de Abril, as infracções fiscais começaram a ser punidas pelo Decreto-Lei n.º 619/76, de 27 de Julho. O Decreto-Lei n.º 20-A/90, de 15 de Janeiro, instituiu o Regime Jurídico das Infracções Fiscais Não Aduaneiras (RJIFNA) que sistematicamente procurou regular os ilícitos penais não aduaneiros, tipificando, no artigo 23.º, o crime de fraude fiscal. Inicialmente, só estavam previstas penas de multa, sendo alternativamente aplicadas penas privativas de liberdade, em caso de não pagamento da multa[58]. Esta situação viria a ser "corrigida" pelo Decreto-Lei

---

[56] Já o Decreto-Lei n.º 140/95, de 14 de Junho, tinha alterado o Regime Jurídico das Infracções Fiscais N ão Aduaneiras (RJIFNA), aprovado pelo Decreto-Lei n.º 20-A//90, de 15 de Janeiro, passando este diploma a incluir os crimes contra a Segurança Social.

[57] São os seguintes os diplomas que regulamentam as infracções não criminais contra a Segurança Social: Decreto-Lei n.º 433/82, de 27 de Outubro; DL n.º 64/89, de 25 de Fevereiro; DL n.º 356/89, de 17 de Outubro; DL n.º 244/95, de 14 de Setembro; DL n.º 328/93, de 25 de Setembro e DL n.º 119/99, de 14 de Abril.

[58] O n.º 1 do artigo 23.º do Decreto-Lei n.º 20-A/90, de 15 de Janeiro, dispunha que «Quem, com intenção de obter para si ou para outrem vantagem patrimonial indevida: a) Ocultar ou alterar factos ou valores que devam constar das declarações que o Regime Jurídico das Infracções Fiscais Não Aduaneiras, para efeitos fiscais, apresente ou preste, a fim de que a administração fiscal, especificamente, avalie ou controle a matéria colectável; ou b) celebrar negócio jurídico simulado, quer quanto ao valor, quer quanto à natureza, quer por interposição, omissão ou substituição de pessoas; dirigidos a uma diminuição das receitas fiscais, ou à obtenção de um benefício fiscal injustificado, será punido com multa até 1000 dias».

n.º 394/93, de 24 de Novembro, ao prever pena de prisão a título principal até cinco anos. De toda a forma, o juiz podia, em regra, aplicar a multa desde que ela se mostrasse «*suficiente para satisfação do interesse de recuperação do delinquente e das exigências de prevenção e repressão do crime*»[59].

Até a entrada em vigor do RGIT, existia um tratamento totalmente separado entre infracções não aduaneiras e aduaneiras. Estas tiveram o RJIFA[60], aprovado pelo Decreto-Lei n.º 376-A/89, como seu último diploma legal isolado. Havia então divergências de relevo entre a legislação aplicável aos ilícitos aduaneiros e aos ilícitos não aduaneiros em matérias como do concurso de infracções[61], da responsabilidade em nome de outrem[62], da actuação em nome de outrem[63], da responsabilidade civil pelasmultas e coimas[64] e da prescrição[65].

O artigo 103.º abre o Capítulo III do RGIT (Crimes Fiscais), tratando um dos crimes fiscais com maior presença nos nossos tribunais, o crime de fraude fiscal. Segue-se a análise de cada um dos seus aspectos mais importantes.

2.1. Autoria

É técnica legislativa habitual, nos crimes comuns[66], a utilização do «Quem ...»[67]. Acontece que o artigo 103.º do RGIT nem utilizou aquela

---

[59] Preâmbulo do Decreto-Lei n.º 394/93, de 24 de Novembro.

[60] Regime Jurídico das Infracções Aduaneiras.

[61] MARQUES DA SILVA, Germano e MARQUES DA SILVA, Isabel – Fraude aduaneira cometida antes da entrada em vigor do Regime Geral das Infracções Tributárias: burla ou descaminho, Direito e Justiça, vol. XVIII, tomo 1, 2004, p. 72/74.

[62] MARQUES DA SILVA, Isabel – Responsabilidade Fiscal Penal Cumulativa das Sociedades e dos seus Administradores e Representantes, Lisboa, UCE, 2000, p. 78.

[63] Idem, p. 174.

[64] Idem, p. 142 e 188.

[65] O n.º 1 do artigo 15.º do RJIFNA estabelecia em cinco anos o prazo de prescrição do procedimento criminal, enquanto, por ausência de disposição especial no RJIFA, aos crimes fiscais aduaneiros aplicavam-se os prazos previstos no Código Penal.

[66] MARQUES DA SILVA, Germano – Direito Penal Português, Verbo Editora, 1998, Volume II, p. 28: «O tipo legal pode circunscrever ou ampliar os agentes possíveis de um certo crime. Assim, nos denominados crimes gerais ou crimes comuns, o agente é indeterminado, podendo ser qualquer um. Já nos crimes especiais, também denominados

técnica, nem enunciou qualquer qualidade especial do agente. Abre-se assim a questão de saber se o crime de Fraude Fiscal é um crime comum ou um crime próprio.

Conforme referimos anteriormente, o RGIT veio substituir os RJIFNA e RJIFA, pelo que é oportuno observar a redacção original do n.º 1 artigo 23.º do RJIFNA[68], onde se lê«*quem, com intenção de obter para si ou para outrem, vantagem patrimonial indevida (...)*». Éclara a necessidade da existência da intenção de obtenção de vantagens patrimoniais indevidas originadas pela prática das condutas enunciadas, sendo, para tal, necessária a ocultação ou alteração de factos, ou valores, que devessem constar de declarações a apresentar, ou a celebração de negócios jurídicos simulados. Uns e outros dirigidos a uma diminuição das receitas fiscais, ou à obtenção de benefícios fiscais injustificados(justamente, as ditas vantagens patrimoniais indevidas).

Para se ocultar ou alterar factos ou valores que deviam constar das declarações apresentadas ou prestadas a fim de que a administração fiscal, especificamente, determinasse, avaliasse ou controlasse a matéria colectável, ou para celebrar negócio jurídico simulado, quer quanto ao valor, quer quanto à natureza, quer por interposição, omissão ou substituição de pessoas, dirigidos a uma diminuição das receitas fiscais ou à obtenção de um benefício fiscal injustificado, é necessária a intervenção do sujeito passivo de uma relação jurídico-tributária. Assim sendo, embora podendo ser cometido por qualquer pessoa[69], exige-se a intervenção do sujeito passivo, podendo, nessa medida, ser qualificado como um crime específico[70].

---

crimes próprios, o círculo de agentes possíveis fica reduzido àquelas pessoas especialmente designadas no tipo. Nos crimes especiais ou próprios, quem não possuir a característica prevista no tipo só pode ser co-autor ou cúmplice». Nos crimes comuns, o agente pode ser qualquer um.

[67] Por exemplo o artigo 131.º do Código Penal começa por «quem matar outra pessoa é punido com pena (...)», bem como o artigo 105.º do RGIT: «quem não entregar à administração tributária (...)».

[68] Ver nota 58.

[69] No mesmo sentido MARQUES DA SILVA, Isabel – *Regime Geral*..., p. 158.

[70] Entende-se como crime específico aquele em que só podem figurar como seus autores as pessoas pertencentes a um círculo definido por determinada qualificação ou atributo. Neste mesmo sentido: POMBO, Nuno – *A Fraude Fiscal – A norma incriminadora, a simulação e outras reflexões*. Dissertação de Mestrado apresentada na Faculdade de Direito da Universidade Católica Portuguesa, em Abril de 2005, sob orientação do Senhor Pro fessor Doutor Pedro Soares Martínez, Capítulo III, ponto 6.1.a.

A redacção do referido artigo do RJIFNA, que foi alterada pelo Decreto-Lei n.º 394/93, de 24 de Novembro, manteve-se no artigo 103.º do RGIT. Há uma omissão total sobre a qualidade do autor.

Semelhantemente ao que ocorria na redacção anterior, para haveras condutas ilegítimas tipificadas no artigo que visassem a não liquidação, entrega ou pagamento do imposto ou a obtenção indevida de benefícios fiscais, reembolsos ou outras vantagens patrimoniais susceptíveis de causarem diminuição das receitas tributárias, era necessáriaa existência de uma relação jurídico-tributária, só podendo praticar este tipo de crime quem tivesse a qualidade de contribuinte, ou seja, de sujeito passivo[71]. Mas, em rigor, o texto legal não tem esta expressão clara.

A actual redacção não exige que tenha ocorrido a obtenção de uma vantagem patrimonial para o próprio ou para outrem, como era exigência na redacção de 1989 do RJIFNA. Porém, exige a susceptibilidade de causar diminuição das receitas tributárias.

Para ilustrar esta posição, pode ser utilizado o exemplo do contabilista que manipula elementos contabilísticos, de determinada sociedade, para diminuir o montante de IVA a entregar ao Estado, sem conhecimento da sua administração. Depois, sem afectar a rendibilidade aparente da sociedade, desvia aquele montante, da conta bancária da empresa, para a sua conta pessoal, obtendo um enriquecimento ilegítimo. No final, a sociedade em causa,aparentemente, não sofreu qualquer prejuízo patrimonial.

O contabilista pode ter cometido dois crimes, um em consequência do outro, um contra a sociedade (burla ou infidelidade), o outro contra o Estado (fraude fiscal). Não será aqui desenvolvida a questão do concurso de crimes visto não ter relevância para o tema em análise[72]. Tomando como certa a existência de um crime de fraude fiscal, pode dizer-se que estamos perante um crime comum.

---

[71] MESQUITA, Paulo Dá – *Sobre os crimes de fraude fiscal e burla*, in Direito e Justiça – Revista da Faculdade de Ciências Humanas / Universidade Católica Portuguesa, volume XV, 2001, Tomo 1, p. 108; DIAS, Augusto Silva – *Os crimes de fraude fiscal e de abuso de confiança fiscal: alguns aspectos dogmáticos e político-criminais*, in Ciência e Técnica Fiscal, n.º 394, 1999, p. 50.

[72] Fora do âmbito deste estudo, deixamos em aberto a questão do concurso. Apenas é de referir que a empresa mantém a responsabilidade tributária. Defendemos que não existe um concurso de crimes, o contabilista cometeu apenas, e somente, um crime contra o património da empresa, sendo que a falsificação da escrita só foi um meio instrumental para o seu cometimento.

Neste caso, não existe qualquer responsabilidade penal da sociedade[73], por o crime não ser no interesse colectivo, havendo, no entanto, responsabilidade tributária pelo imposto que não foi entregue. Isto não exclui a responsabilidade penal dos legais representantes da sociedade, já que estes são obrigados a intervir na declaração de impostos (caso não o façam estão a omitir um dever[74]), donde o crime, apesar de não ser feito em comparticipação, pode terdois (ou mais) agentes com responsabilidade penal[75].

Situação diferente é a do contabilista que colabora com a administração da sociedade para que esta obtenha vantagens patrimoniais através da diminuição das receitas tributárias. Neste caso, existe uma comparticipação. Na realidade, o contabilista praticou conscientemente actos susceptíveis de causarem diminuição das receitas tributárias. O contabilista pode até não retirar qualquer benefício patrimonial. Porém, o crime tipificado no artigo 103.º do RGIT não exige que haja enriquecimento do agente.

Nestasituação, importa verificar os efeitos dos artigos 14.º e 22.º do RGIT[76], que permitem a suspensão ou dispensa da pena, sempre condicionados ao pagamento da prestação tributária e acréscimos legais.

Não suscita dúvidas o facto de, no caso de o contribuinte efectuar o pagamento, o contabilista poder vir a ser beneficiado. Porém, a lei é clara: a suspensão e a dispensa da pena estão condicionadas ao pagamento da prestação tributária e acréscimos legais. É sabido que este pagamento é da responsabilidade do contribuinte. A conclusão de que o agente está na dependência de uma conduta de terceiros para beneficiar da suspensão, dispensa da pena ou atenuação especial não nos parece aceitável. Isto não significa que defendamos a irresponsabilidade do

---

[73] O n.º 1 do artigo 7.º do RGIT exige para a responsabilização das pessoas colectivas que «*as infracções penais sejam cometidas pelos seus órgãos ou representantes, em seu nome e no interesse colectivo*». Estas condições são cumulativas.

[74] O actual sistema de declarações electrónicas permite que o contribuinte delegue no Técnico Oficial de Contas a entrega das declarações electrónicas. No entanto, a responsabilidade penal não é delegável, conforme estipulado no n.º 3 do artigo 30.º da Constituição. Poderá haver, consoante a situação, responsabilidade apenas do Técnico Oficial de Contas ou solidária.

[75] Dever-se-á observar o preenchimento da estrutura do crime, nomeadamente o dolo.

[76] Ver *supra* "O pagamento: atenuante ou condicionante?", p. 29.

contabilista, ao agir dolosamente todas as estipulações legais lhe serão aplicáveis do mesmo modo que aos demais participantes.

Um dos grandes objectivos do legislador é a geração de receitas fiscais. Portanto, é de aceitar que seja um terceiro, neste caso o contabilista[77], a efectuar o pagamento, repondo a verdade sobre a situação tributária, sem prejuízo do eventual direito de regresso perante o sujeito passivo[78]. Não seria admissível que o contabilista pudesse ser incriminado pelo crime de fraude fiscal e, no entanto, não pudesse beneficiar de normas que os demais infractores dispõem.

Aaceitação da tese de que estamos perante um crime comum é fundamental para muitas das situações de simulação[79]. Se duas pessoas celebram um negócio simulado quanto ao valor, tendo por finalidade diminuir a prestação de imposto que recai sobre aquele acto, praticam em co-autoria um crime de fraude fiscal. Não podeafirmar-se que só um deles, o que tinha o dever de declarar o valor real à administração fiscal, seja autor, sendo o outro cúmplice. Aquele que concede a outrem, de forma gratuita, ou não, uma factura falsa em que o valor da transacção aparece inflacionado, de forma a reduzir a prestação tributária, ou determinar a administração fiscal a proceder a um reembolso indevido, pode ser autor de um crime de fraude fiscal.

---

[77] Eventualmente o contabilista, se for um Técnico Oficial de Contas, poderá ter responsabilidade subsidiária, nos termos do n.º 3 do artigo 24.º da Lei Geral Tributária.

[78] O artigo 21.º da LGT, sob a epígrafe solidariedade passiva, dispõe que, quando os pressupostos do facto tributário se verifiquem em relação a mais de uma pessoa, todas são solidariamente responsáveis pelo cumprimento da dívida tributária (vd. CAMPOS, Diogo Leite; RODRIGUES, Benjamim Silva e SOUSA, Jorge Lopes de – *Lei Geral Tributária, Anotada e Comentada*, Lisboa, Vislis, 3ª edição, 2003, anotação ao artigo 21.º). A solidariedade vem definida no art. 512.º do Código Civil, sendo este artigo aplicável em sede de responsabilidade tributária por remissão do artigo 2.º alínea d) da LGT. Nos termos deste artigo, a solidariedade passiva traduz-se na possibilidade de cada um dos devedores responder pela prestação integral e esta a todos liberar. Assim sendo, a qualquer dos devedores se pode exigir a totalidade da prestação, existindo apenas *a posteriori* direito de regresso do primeiro sobre os restantes devedores. Assim sendo, os administradores e gerentes, bem como os revisores oficiais de contas, são responsáveis entre si pelas dívidas tributárias das entidades nas quais exercem funções, no caso de insuficiência patrimonial destas para a satisfação das dívidas tributárias. Desde que se tenham verificado os pressupostos da responsabilidade de cada um, e na medida das dívidas não cumpridas por motivo imputável a cada responsável.

[79] Ver *infra* "Negócio simulado", p. 78.

2.2. Dolo

A fraude fiscal, como as demais infracções fiscais, é um facto tipicamente ilícito, portanto necessariamente voluntário e imputado a uma vontade livre e esclarecida. Pode definir-se como dolo a vontade (elemento volitivo) consciente (elemento cognoscitivo) de praticar um facto que preenche um tipo de crime.

Os crimes podem ser puníveis por dolo ou mera culpa. A punibilidade por mera culpa é excepcional[80]. Não havendo qualquer regra que estipule a punição da fraude fiscal a título de mera culpa, a fraude fiscal é um crime doloso.

Assim sendo, o contabilista que, por lapso ou incapacidade técnica, preenche erradamente uma declaração fiscal, tipificada como infracção penal tributária, não é punível a título de negligência.

Sendo verdade que, mesmo em caso de incapacidade técnica, o sujeito passivo, ou o seu representante legal, tem o dever de cumprir as suas obrigações fiscais, devendo, para tal, dotar-se de meios técnicos e humanos[81], não encontramos a existência de uma responsabilidade objectiva[82], sendo, portanto, o dolo, mesmo que eventual, um requisito. Nesta situação, supondo que o contribuinte dota-se de meios para cumprir as suas obrigações, porém estas não são cumpridas por razões que lhe são alheias, não existe dolo, logo não existe responsabilidade penal.

---

[80] Artigo 13.º do Código Penal.

[81] É um crime omissivo. O agente tem o dever jurídico de cumprir as suas obrigações tributárias; POMBO, Nuno – A Fraude..., p. 35: «No tipo do crime de fraude fiscal perpassam as considerações acabadas de formular. *Latissimo sensu*, diríamos que o crime de fraude fiscal é essencialmente omissivo, na medida em que parece estar em causa, no fundo, a não apresentação à administração, seja por que razão for, daquilo a que podemos designar por "verdade fiscal"».

[82] Não concordamos com MORAIS, Rui Duarte – A execução fiscal, 2005, Almedina, Coimbra, p. 60, quando afirma que «o art. 105.º do RGIT não faz qualquer referência à intenção do agente, querendo significar que se trata de um crime sem dolo.» Este tipo legal só deveria referir a intenção se tivesse sido consagrado um especial elemento subjectivo da ilicitude. Como não o fez, são aplicáveis as regras gerais: punição do facto praticado com dolo ou, nos casos especialmente previstos, com negligência (arts. 13.º e 14.º do Código Penal). O art. 105.º do RGIT não consagra qualquer responsabilidade objectiva ou negligente. O legislador não foi tão longe. O verdadeiro problema reside na determinação da culpa dolosa (e também negligente) nos crimes omissivos puros.

Dentro do elemento volitivo, existem três modalidades de dolo, constantes do artigo 14.º do Código Penal: dolo directo, dolo necessário e dolo eventual. No dolo directo, existe a vontade intensa e directa de ser realizado o facto típico, exibindo uma resoluta decisão criminosa. Nos outros, o agente encara-o como uma decorrência necessária da sua conduta[83] ou conforma-se com a realização, mas não a pretende directamente[84]. Nestas duas últimas modalidades, o agente não visa o efeito ocorrido.

O artigo 103.º exige que as *«condutas (...) visem*[85] *a não liquidação (...)»*. Será que a fraude fiscal exige o dolo directo?

Pense-se no exemplo do sócio de uma empresa que altera valores da contabilidade da empresa com o móbil de enganar outro sócio, conformando-se com a possibilidade de cometer uma fraude fiscal, embora, efectivamente, não seja este o seu objectivo. Aqui não existe dolo directo, mas sim dolo necessário. O agente não visou a não liquidação, entrega ou pagamento da prestação tributária ou obtenção indevida de benefícios fiscais, reembolsos ou outras vantagens patrimoniais susceptíveis de causarem diminuição das receitas tributárias, mas aceitou que a sua conduta conduzisse a uma destas consequências.

Esta linha de pensamento, poderia levar a concluir da exigência de dolo directo no crime de fraude fiscal, que não é o exigido em outras infracções fiscais e porventura noutros crimes comuns.

Não nos parece possível a efectiva existência de situações de dolo necessário ou eventual, até porque existiria uma verdadeira *diabolica*

---

[83] Acórdão do STJ de 18.01.1990: «Existe dolo, na forma de dolo necessário, quando o agente, num crime de homicídio, prevê e representa que da sua conduta resultará necessariamente a morte da vítima, não se abstendo, apesar disso, de a empreender».

[84] Acórdão TRE de 16.04.1985, n.º 348, pp. 483: «Só existirá dolo eventual quando o agente, tendo representado a realização de um facto como uma consequência possível da sua conduta, actua conformando-se com aquela realização. Exige-se, no dolo eventual, que o agente haja conformado com a possibilidade de realização. Caso contrário, a sua conduta será apenas negligente, se se verificarem os demais pressupostos estabelecidos no artigo 15.º do Código Penal».

[85] DIAS, Augusto Silva – *Crimes e contra-ordenações fiscais, Direito Penal económico e europeu – Textos doutrinários*, Coimbra Editora, 1999, vol. II, p. 458, apresenta uma justificação ao dizer que «em suma, "que visem" tem aqui sentido de "que sejam especialmente adequadas", sentido esse que tem naturalmente de ser abrangido pelo dolo. É necessário pois que o agente tenha conhecido e querido essa especial adequação em qualquer das modalidades do artigo 14.º do Código Penal».

probatio nas raras situações destas modalidades de dolo. No exemplo apresentado, o agente terá pensado naturalmente num "dois em um": ganha ao enganar o sócio, ganha ao cometer a fraude fiscal.Estamos perante um crime em que existiria dolo directo.

Se tivermos em conta o "visem" constante na letra do Código, devemos entender que tem que existir uma adequação da conduta. O dolo consiste em querer aqueles factos "adequados", independentemente do dolo específico.

Menor dúvida levanta a questão da necessidade de dolo específico[86], ou se o dolo genérico é bastante. A questão não colhe unanimidade[87], mas, no nosso entender, apesar de não expressa na redacção da norma, esta não prescinde de uma vontade específica do agente, uma finalidade própria do comportamento. No plano do elemento objectivo, o crime surge como de execução vinculada. Contudo, da prática das condutas enunciadas nas diferentes alíneas do n.º 1 do artigo 103.º não resulta necessária a perpetração de um crime. É preciso que o agente as tenha pretendido, por um lado, e que, com elas, tenha "visado" a não liquidação, entrega ou pagamento da prestação tributária ou obtenção indevida de benefícios fiscais, reembolsos ou outras vantagens patrimoniais susceptíveis de causarem diminuição das receitas tributárias. Assim, não vemos como se pode considerar dispensada, do ilícito subjectivo, a existência de uma especial vontade, dirigida a um fim específico, sem a qual não estaremos, em sentido próprio, perante o crime de fraude fiscal[88].

---

[86] Entendido, como entende MOUTINHO, José Lobo, *Da unidade...*, p. 795, como aquele que apresenta uma exigência adicional relativamente aos elementos essenciais e gerais do dolo. Exigência adicional que, neste caso, se reporta a um fim subjectivo ulterior ao facto ilícito. Há quem prefira falar em *"elemento subjectivo especial"* o que, para os efeitos que aqui pretendemos vincar, é o mesmo.

[87] POMBO, Nuno – *A Fraude...*, p. 16 5 sustenta a existência de um dolo específico, bem como MARQUES DA SILVA, Isabel – *Regime Geral...*, p. 14, que considera que existe «referência expressa apenas no tipo legal de fraude à Segurança Social», enquanto DIAS, Augusto Silva – *Os crimes de fraude...*, p. 57 tem a posição contrária.

[88] Parece-nos útil convocar MESQUITA, Paulo Dá – *A tutela penal...*, p. 59 e ss., nota 14, porquanto este a utor parece, em rodapé, tocar neste ponto. Distingue, na esteira de outros, como se disse, um elemento subjectivo específico, relativo à diminuição das receitas fiscais, coincidindo com o resultado cortado do crime, de uma outra realidade, a do dolo específico. Para este autor, a análise do elemento subjectivo específico não deverá ser feita a partir do conceito legal de dolo, mas da interpretação do tipo em causa.

2.3. Susceptibilidade de diminuição das receitas tributárias

O crime de fraude fiscal só ocorre quando sejam praticados actos (ou omissões) susceptíveis de causar diminuição das receitas tributárias. A lei especifica que estes actos devem visar a não liquidação, entrega ou pagamento da prestação tributária ou obtenção indevida de benefícios fiscais, reembolsos ou outras vantagens patrimoniais.

No corpo do artigo é dito que são «*(...) condutas ilegítimas tipificadas no presente artigo que visem (...)*», exigindo uma intenção de diminuir as receitas fiscais do Estado. Assim sendo, não haverá ilícito criminal sem a demonstração daquela intenção, ou seja, como em todos os crimes, a culpa é essencial para a materialização do crime.

Todavia, não é necessário que ocorra uma efectiva diminuição das receitas tributárias, é bastante que a conduta vise o resultado. Para ser punível, a conduta deve ser idónea para a obtenção do resultado, ou seja, deve ser susceptível de causar diminuição das receitas tributárias, mas não é necessário que cause a dita diminuição de receitas. Pode então afirmar-se que este é um crime de resultado cortado[89], onde se pretende um resultado. São praticados actos (ou omissões) para a realização do tipo, mas o resultado pode, ou não, ser alcançado.

Face a isto, conclui-se que a fraude fiscal não é um crime de dano, já que não é necessário provocar qualquer lesão. O bem jurídico tutelado é de natureza patrimonial[90], mas não é necessário atingi-lo para que o crime se concretize.

Exige-se que o comportamento ponha em causa as receitas tributárias e daí ser possível afirmar que é um crime de perigo concreto[91].

---

[89] DIAS, Jorge Figueiredo e ANDRADE, Manuel Costa – O crime de fraude fiscal no novo Direito Penal Tributário Português (considerações sobre a factualidade típica e o concurso de infracções) in Direito Penal Económico Europeu: Textos Doutrinários, Volume II, Coimbra Editora, 1999, p. 432/434.

[90] Ver *infra* " Bem jurídico protegido", p 104.

[91] MESQUITA, Paulo Dá – *Sobre os crimes de fraude fiscal e burla*, in Direito e Justiça, vol. XV, 2001, Tomo 1, p. 108, classifica o tipo como de aptidão, de perigo hipotético ou de perigo abstracto-concreto e não apenas como de crime de perigo concreto. Afirma que o tipo não se limita a descrever uma conduta genericamente perigosa nem exige a comprovação concreta de uma situação de perigo, mas exige a comprovação de uma aptidão concreta da acção para diminuir as receitas fiscais; SOUSA, Susana Aires – *Os crimes fiscais* – Coimbra Editora, 2006, p. 73-74, vai no mesmo sentido, citando

O legislador optou por não se limitar a descrever, incriminando uma determinada conduta tida pelo tipo por perigosa. Não houve do legislador a intenção de associar uma sanção ao especial desvalor de um determinado comportamento, ainda que possa falar-se, em certo sentido, numa co-determinação recíproca entre o bem jurídico e a conduta típica[92]. Antes se exige que esse comportamento possa pôr em causa, daí o perigo, as receitas tributárias, por diminuição destas. Dir-se-ia que o resultado é antecipado para um momento anterior ao da ocorrência do dano[93], nomeadamente para o momento em que o erário, pela conduta do agente, é posto numa situação de insegurança[94], representando aquilo que se convencionou designar por uma "tutela avançada".

Agora, importa verificar qual o limite da definição do que são *«condutas ilegítimas (...) susceptíveis de causarem diminuição das receitas tributárias».*Mesmo admitindo que, no geral, a entregade uma declaração com elementos erróneos tem como fim provocar uma menor tributação, ou uma entrega de valor inferior, poderemos encontrar situações menos lineares.Por exemplo, numa declaração de IRC poderão ocorrer situações que podem levar a uma interpretação dúbia:
1. O contribuinte previa um lucro elevado, pelo que, durante o primeiro semestre do exercício, provocou alterações à escrita que vieram a reduzir o lucro fiscal. No entanto, no segundo semestre, a empresa apresentou resultados reais desastrosos, vindo então a apresentar um prejuízo no exercício. Sendo sabido que a tributação em sede de IRC é feita com base no exercício, concluímos que a conduta do agente, que visava obtenção de vantagens patrimoniais susceptíveis de causarem diminuição das receitas tributárias, não teve a sua eficácia verificada.

HOYER, Andreas, *Die Eignungsdelikte*, Berlin, Drunkes & Humblot, 1987 e adiantando que «(...) neles [nos crimes de aptidão] converte-se em parte integrante do tipo e não num mero motivo da incriminação, como nos crimes de perigo abstracto».

[92] BANDEIRA, Gonçalo de Melo – Responsabilidade penal económica e fiscal dos entes colectivos, à volta das sociedades comerciais e sociedades civis sob forma comercial, Almedina, 2004, p. 147 e ALMEIDA, Carlos Rodrigues – Os crimes contra a Segurança Social previstos no Regime Jurídico das Infracções Fiscais Não Aduaneiras, in Revista do Ministério Público, ano 18, n.º 72, 1997, p. 92.

[93] Daí que também se lhes chame *"crimes com intenção ulterior"*, como faz MOUTINHO, José Lobo – *Da unidade...*, p. 797.

[94] Neste sentido, DIAS, Augusto Silva – *O novo Direito Penal fiscal...*, p. 32 e ss., MESQUITA, Paulo Dá, *Sobre os crimes...*, p. 108.

2. O contribuinte, prevendo ter um prejuízo durante o exercício, consciente de que o risco de fiscalização seria reduzido e que seria fácil apresentar um prejuízo perante os órgãos de inspecção tributária, provoca alterações à escrita que aumentam o montante do prejuízo a apresentar à administração fiscal. Este prejuízo fiscal pode ser deduzido aos lucros tributáveis em um, ou mais, dos seis exercícios posteriores[95]. Havendo lucro, ou não, esta conduta é susceptível de causar uma diminuição das receitas tributárias nos exercícios seguintes.
3. Uma sociedade acumula prejuízos ao longo dos exercícios e encontra-se em vias de venda do seu Capital Social, para depois ser feita uma fusão com outra sociedade, esta, porém, rendível. O valor da empresa deficitária incorpora a possibilidade de o prejuízo fiscal ser transmitido[96]. A alteração dos valores que deviam constar das declarações é um meio idóneo para redução das receitas tributárias.

Após termos verificado estas três situações considerámos que devemos também aflorar as questões da transmissão da responsabilidade penal e do prazo de prescrição dos crimes.

Nas duas últimas situações, o prazo de prescrição deve ser observado com especial atenção. Para tal, devemos primeiro analisar o artigo 21.º do RGIT:

- O n.º 1 daquele artigo refere que o procedimento tributário extingue-se logo que sobre a sua prática sejam decorridos cinco anos. Assim, se houve uma manipulação da escrita em Novembro de 2007, a prescrição ocorrerá em Novembro de 2012[97].
- O n.º 3 do mesmo artigo provoca uma redução do prazo de prescrição ao prazo de caducidade do direito à liquidação. O prazo geral de caducidade é de 4 anos, nos termos do artigo 45.º da LGT. Assim, havendo, em Novembro de 2006, a tal manipulação da escrita para redução da matéria do IRC, a prescrição ocorrerá no termo do ano de 2010.

---

[95] N.º 1 do artigo 47.º do CIRC.
[96] Artigo 69.º do CIRC.
[97] Consideramos, para este exemplo, que a contagem se inicial no último dia do prazo para a entrega da declaração fiscal. Ver desenvolvimento *infra* "Tempo da prática do crime", p. 68.

Como em nenhuma das situações a infracção depende de liquidação, o prazo de prescrição, inequivocamente, será o de cinco anos.

Na terceira das situações inicialmente expostas, levanta-se ainda a questão de saber se a responsabilidade penal das sociedades fundidas é transmissível para a sociedade beneficiária. Não sendo esse o tema do presente estudo, importa apenas aflorar factores a ter em conta, mas devem evitar-se conclusões precipitadas:

- O n.º 3 do artigo 30.º da CRP diz que *«a responsabilidade penal é insusceptível de transmissão.»*.
- A sociedade que praticou o delito extingue-se com a sua fusão. Será este um meio de extinção da sua responsabilidade penal?
- A extinção de uma sociedade, em nenhuma situação, extingue a responsabilidade penal dos titulares dos seus órgãos, membros ou representantes da pessoa colectiva.
- O n.º 1 do artigo 7.º do RGIT diz que as infracções previstas naquela lei são aplicáveis às pessoas colectivas quando cometidas pelos seus órgãos ou representantes, em seu nome e no interesse colectivo.
- *«A extinção, por fusão, de uma sociedade comercial, com os efeitos do artigo 112.º, alíneas a) e b) do Código das Sociedades Comerciais, não extingue o procedimento por contra-ordenação, praticada anteriormente à fusão»*[98].

Pese embora a extinção da sociedade, resta um espesso «substrato» da sociedade, circunstância que impede que se defenda que da pessoa jurídica nada mais resta, tal como se pode afirmar da pessoa do ser humano após a morte.

De resto, por força do disposto da primeira alínea do n.º 1 do artigo 112.º do Código das Sociedades Comerciais (CSC), se é certo que as sociedades comerciais se dissolvem pela incorporação noutra sociedade, a verdade é que, ao invés das pessoas singulares cuja personalidade cessa com a morte – n.º 1 do artigo 68.º do Código Civil –, aquelas mantêm a personalidade jurídica na fase da sua liquidação, considerando-se apenas extintas pelo encerramento dessa liquidação. O artigo 115.º do CSC prevê a nomeação de um representante especial para a sociedade extinta[99].

---

[98] Acórdão do Tribunal da Relação do Porto de 18.04.2005 – Processo n.º 0446183.

[99] A nossa tarefa encontra-se altamente facilitada ante o que o Pleno do Supremo Tribunal decidiu, como fundamento do acórdão uniformizador n.º 5/2004, de 2 de Junho, publicado no DR I-A de 21 de Junho, relatado pelo Conselheiro Henriques Gaspar.

Sendo verdade que o artigo 127.º e o n.º 1 do artigo 128.º do CP (e também o artigo 90.º do Regime Jurídico de Mera Ordenação Social) são a concretização do princípio da individualidade e da intransmissibilidade das penas, inscrito como princípio fundamental no n.º 3 do artigo 30.º da Constituição, deve ter-se em conta o artigo 8.º do RGIT, que estabelece a responsabilidade civil subsidiária dos administradores, gerentes e outras pessoas que exerçam funções de administração em pessoas colectivas, nas relações de crédito emergentes da aplicação de multas ou coimas àquelas entidades no decurso do seu mandato.

Enquanto causa de extinção da responsabilidade (procedimento, pena e coima), a morte a que a lei se refere significa o fim da vida física de uma pessoa; é o acontecimento, físico e da natureza, que faz terminar a vida e que constitui um momento inelutável da existência de cada indivíduo, inerente à própria natureza do género humano. A morte que faz cessar a personalidade e que constitui causa de extinção da responsabilidade criminal (e contra-ordenacional) é um acontecimento, o momento e o culminar de um processo que só tem sentido, no plano jurídico e no da natureza, quando se refira a uma pessoa física; a noção de morte, juridicamente relevante, assenta numa pré-compreensão biológica e antropológica.

No entanto, o Código Penal de 1982, principalmente após as alterações introduzidas pela Lei n.º 59/2007, de 23 de Setembro, conferiu uma radical alteração no que respeita à posição problemática sobre a responsabilidade penal das pessoas colectivas, ultrapassando o princípio (ou o dogma) com assento no Código Penal de 1886 de que só a pessoa física, individualmente considerada, podia ser agente de infracções criminais.

Mesmo antes da referida alteração, o Código Penal dispunha sobre o «carácter pessoal da responsabilidade», que, «salvo disposição em contrário, só as pessoas singulares são susceptíveis de responsabilidade criminal». Afirmava-se, deste modo, a regra (não o princípio) da individualidade da responsabilidade criminal, mas admitiam-se excepções, que tinham de resultar da lei e estarem pensadas precisamente para a situação específica das pessoas colectivas.

Ora, o artigo 7.º do RGIT vai exactamente nesse sentido, ao estabelecer que "as pessoas colectivas e equiparadas são responsáveis pelos crimes" previstos naquele diploma legal.

As penas previstas para as sociedades comerciais são, naturalmente, de natureza não pessoal, em geral, sanções pecuniárias[100]. Como tal, quando existam, podem e devem ser levadas em conta, no momento da liquidação, assim atingindo o objectivo para que foram previstas, o que reforça a demonstração de que a extinção da sociedade não pode ser equiparada à morte da pessoa singular, já que, em relação a esta, pena alguma pode surtir efeito após esse evento fatal do ser humano.

Não nos restam dúvidas sobre a manutenção da responsabilidade penal das pessoas colectivas mesmo após a sua extinção. As sanções pecuniárias deverão ser levadas em conta durante a liquidação, sem prejuízo da responsabilidade solidária para as situações previstas na lei. As demais[101], se porventura forem aplicadas, só terão efeitos sobre a pessoa colectiva em causa, sendo insusceptíveis de transmissão[102].

Relativamente à fusão, em consonância com o acórdão citado[103], defendemos que a responsabilidade criminal é transmitidapara a sociedade beneficiária, independentementeda infracção ter sido, ou não, praticada pelos seus órgãos e no seu interesse.

No caso de não existir qualquer comparticipação da sociedade beneficiária e esta desconhecer, por inteiro, o facto típico ocorrido anteriormente, poder-se-iaafirmar que há semelhanças coma situação, no direito

---

[100] Determina o n.º 2 do artigo 12.º que às pessoas colectivas, sociedades, ainda que irregularmente constituídas, e outras entidades fiscalmente equiparadas é aplicável a pena de multa de 20 até 1920 dias.

[101] O RGIT, no seu artigo 16.º, prevê quais as sanções acessórias para os crimes tributários que são aplicáveis, cumulativamente, aos agentes dos crimes tributários: a) Interdição temporária do exercício de certas actividades ou profissões; b) Privação do direito a receber subsídios ou subvenções concedidos por entidades ou serviços públicos; c) Perda de benefícios fiscais concedidos, ainda que de forma automática, franquias aduaneiras e benefícios concedidos pela administração da Segurança Social ou inibição de os obter; d) Privação temporária do direito de participar em feiras, mercados, leilões ou arrematações e concursos de obras públicas, de fornecimento de bens ou serviços e de concessão, promovidos por entidades ou serviços públicos ou por instituições particulares de solidariedade social comparticipadas pelo orçamento da Segurança Social; e) Encerramento de estabelecimento ou de depósito; f) Cassação de licenças ou concessões e suspensão de autorizações; g) Publicação da sentença condenatória a expensas do agente da infracção; h) Dissolução da pessoa colectiva; i) Perda de mercadorias, meios de transporte e outros instrumentos do crime.

[102] N.º 3 do artigo 30.º da Constituição.

[103] Ver nota 98.

penal comum, do sujeito que adquire um bem furtado em condições que não era de suspeitar a proveniência ilícita do bem. A diferença fundamental é que o "proveito do furto" ficou incorporado no "bem adquirido".

É diferente a situação de fusão entre sociedadesda de aquisição de sociedades, nomeadamente em termos de responsabilidade[104]. Ocorrendo uma aquisição, sem que haja fusão, não existe qualquer alteração em relação aos responsáveis penais.

No caso de fusão a sociedade beneficiária incorporará todo o conjunto de activos e passivos, bem como a responsabilidade civil, contra-ordenacional e penaldas sociedades incorporadas. Estranho seria se assim não fosse, caso contrário estaria aberta a porta para um processo expedito de fuga à responsabilidade, com a possibilidade de manutenção da actividade da sociedade.

O Código Penal actualmente em vigor não deixa margem para dúvidas que tanto nas situações de cisão como de fusão[105] não ocorre a extinção da responsabilidade criminal da pessoa colectiva ou entidade equiparada.

2.4. Execução vinculada

Sendo que o crime de fraude fiscal só pode ser cometido através das formas previstas no n.º 1 do artigo 103.º do RGIT, pode afirmar-se que estamos perante um crime de execução vinculada.

---

[104] O artigo 114.º do CSC, refere a responsabilidade emergente da fusão: «1. Os membros do órgão de administração e os membros do órgão de fiscalização de cada uma das sociedades participantes são solidariamente responsáveis pelos danos causados pela fusão à sociedade e aos seus sócios e credores, desde que, na verificação da situação patrimonial das sociedades e na conclusão da fusão, não tenham observado a diligência de um gestor criterioso e ordenado; 2. A extinção de sociedades ocasionada pela fusão não impede o exercício dos direitos de indemnização previstos no número anterior e, bem assim, dos direitos que resultem da fusão a favor delas ou contra elas, considerando-se essas sociedades existentes para esse efeito».

[105] O n.º 8 do artigo 11.º do Código Penal estipula que a cisão e a fusão não determinam a extinção da responsabilidade criminal da pessoa colectiva ou entidade equiparada, respondendo pela prática do crime: a) A pessoa colectiva ou entidade equiparada em que a fusão se tiver efectivado; b) As pessoas colectivas ou entidades equiparadas que resultaram da cisão.

A redacção do texto não deixa margem para dúvidas quando diz que «*Constituem fraude fiscal (...) as condutas ilegítimas tipificadas no presente artigo (...). A fraude fiscal pode ter lugar por:*». É um artigo enunciativo. Surgem então as alíneas onde são enunciados os objectivos que presidem as condutas:
- A não liquidação da prestação tributária;
- A não entrega da prestação tributária;
- O não pagamento da prestação tributária;
- A obtenção indevida de benefícios fiscais[106];
- A obtenção indevida de outras vantagens patrimoniais.

Surgem depois, divididas por três alíneas, quais as condutas pelas quais o tipo poderá ser preenchido.

A alínea a) refere a «*Ocultação ou alteração de factos ou valores que devam constar dos livros de contabilidade ou escrituração (...)*». A definição, de modo exacto, do que deve constar dos livros de contabilidade é tarefa quase impossível. Há quem entenda a contabilidade como uma arte, outros como uma técnica, mas ninguém poderá afirmar que é uma ciência exacta. Os métodos matemáticos da contabilidade são exactos, os métodos de classificação são analíticos.

Defendemos que em algumas situações deva operaro princípio *in dubio pro reo*. A contabilização de refeições como despesas de deslocação, quando poderiam ser consideradas como despesas de representação, pode não constituir um ilícito penal, desde que as despesas de representação sejam feitas em local diferente da sede, escritório ou estabelecimento do sujeito passivo. Diferentes critérios de contabilização, desde que com base nos princípios contabilísticos geralmente aceites, não podem servir para incriminar o agente. O julgador, na dúvida sobre a inadequação do critério contabilístico, não deverá considerar uma violação da lei. Só se pode considerar como violadaa lei quando o critério do agente foi claramente incorrecto, não havendo margem para dúvidas sobre a metodologia contabilística a aplicar.

---

[106] Em determinadas situações, fora do âmbito deste trabalho, poderá haver lugar ao crime de burla tributária (artigo 87.º do RGIT), nomeadamente em certos casos de pedidos de reembolso do IVA.

Podemos dar como exemplo de uma contabilização fraudulenta, corrente nos dias de hoje, a contabilização de parte do valor da mercadoria adquirida com isenção do IVA, deduzindo-se um imposto "fantasma":
- Aquisição intracomunitária de € 121.000 em mercadoria;
- A contabilização deveria ser feita na conta de compras (31) pelo montante total da aquisição;
- Têm chegado aos nossos tribunais diversos casos em que a contabilização é dividida em dois movimentos, um na conta de compras (31) no valor de € 100.000, outro na conta de IVA dedutível (243) no valor de € 21.000;
- Assim, é obtida uma vantagem patrimonial ilegítima no montante de € 21.000.

Efectivamente, esta contabilização é um claro desrespeito pelas normas contabilísticas[107], através da alteração dos factos, dos valores escriturados e das declarações fiscais[108].

Ainda na alínea a) é referida a palavra "especificamente" quando se fala das declarações prestadas: são «(...) *declarações apresentadas ou prestadas a fim de que a administração fiscal especificamente fiscalize, determine, avalie ou controle a matéria colectável*».

Vamos supor uma declaração de início de actividade na qual o contribuinte atribui aos valores esperados de actividade um montante que é

---

[107] Todos os registos contabilísticos devem seguir os princípios impostos pelo Plano Oficial de Contabilidade, aprovado pelo DL 410/87, de 21 de Novembro.

[108] Esta operação é extremamente simples de ser executada e difícil de ser controlada pela administração fiscal. Há quem defenda que esta facilidade dada ao agente é um convite à prática da infracção. Consideramos esta posição repugnante numa sociedade moderna e democrática. Natural será o incremento da responsabilidade do empresário, do técnico oficial de contas e do revisor de contas. O caminho a seguir deverá ser a exclusão ou limitação da aplicação, dos artigos que permitem a dispensa, atenuação e suspensão da pena aquando da reposição da verdade sobre a situação tributária. Em determinados sectores de actividades (automóvel, bebidas, tabaco, informática, etc.), certos empresários conhecem estas regras e praticam-nas repetidamente por saberem da pequena probabilidade de serem apanhados. Apenas têm o cuidado de manter a capacidade para pagar os montantes das liquidações, que normalmente são inferiores ao total arrecadado ao longo dos anos da prática criminosa. É de salientar que não conseguimos encontrar qualquer decisão judicial em que fosse aplicada a pena efectiva de prisão a quem tivesse pago a prestação tributária.

efectivamente muito abaixo das suas expectativas, com a finalidade de se enquadrar num regime fiscal mais benéfico, como por exemplo o regime simplificado do IRS[109]. Na realidade, o contribuinte não ocultou ou alterou factos, apenas forneceu informações diferentes das suas expectativas. Não existe aqui uma responsabilidade criminal. Esta declaração não se destina a que a administração fiscal fiscalize, determine, avalie ou controle a matéria colectável.

A pura e simples ocultação de factos, nomeadamente a falta de entrega de declarações, está contemplada na alínea b) do n.º 1 do artigo 103.º. Não havia previsão semelhante no RJIFNA. Porém, nem todas as faltas de declarações são susceptíveis de dar origem ao crime de fraude fiscal[110], como por exemplo a declaração de alteração de morada, que não vise uma menor tributação[111].

A não entrega da declaração do início de actividade, não visa, à partida, a não liquidação de impostos e, depois, não faz parte dos meios de fiscalização, determinação, avaliação e controlo da matéria colectável. Não é, assim, um facto punível como fraude fiscal. No entanto, se essa não entrega visar uma eventual "invisibilidade" perante a administração tributária, a situação é oposta. Será punível a não entrega das declarações que deveriam ser posteriormente entregues, se esta prática for susceptível de causar diminuição das receitas tributárias.

Em conclusão, para resolução deste problema não é relevante a natureza da obrigação, ou do dever a que a declaração respeita, mas sobretudo a idoneidade da conduta para diminuir as receitas tributárias.

---

[109] N.º 2 do artigo 28.º do CIRS.

[110] DIAS, Augusto Silva – *Crimes e contra-ordenações fiscais*, in DPEE, Volume II, Coimbra Editora, 1999, p. 467, considera excluídas as declarações que são objecto de obrigação acessória do sujeito passivo ou de terceiros, por entender que os deveres de colaboração, cuja violação integra o desvalor da acção dos crimes fiscais, dizem respeito à obrigação tributária principal, logo, a violação de deveres acessórios devia configurar somente uma contra-ordenação. SOUSA, Alfredo José – *Infracções fiscais não aduaneiras*, Almedina, 1995, p. 88: «o RJIFNA, após 1993, pretendeu abranger quaisquer declarações do sujeito passivo ou de terceiros, desde que consubstanciassem uma ocultação ou alteração dolosa de factos ou valores, susceptível de causar diminuição das receitas fiscais».

[111] Este exemplo não é rigoroso. Por exemplo, no IRS pode haver alterações na tributação se um contribuinte tiver alterações de morada entre o território continental e os arquipélagos da Madeira e Açores.

2.5. Tempo da prática do crime

O tempo da prática do crime tem efeitos relevantes, nomeadamente na contagem do prazo de prescrição, sendo necessário determinar o momento da infracção fiscal, tanto pela via comissiva, como pela via omissiva. O n.º 2 do artigo 5.º do RGIT estipula que *«as infracções tributárias omissivas consideram-se praticadas na data em que termina o prazo para o cumprimento dos respectivos deveres tributários»*.

Existem diversas posições sobre o momento da prática do crime. Para muitos, é o momento em que o agente perde o domínio do facto. Considera-se, então, o momento da liquidação pela administração fiscal, ou da entrega da declaração, no caso de autoliquidação[112].

Não pode existir uma posição única e precisa sobre qual é o momento exacto, em função da especificidade de cada imposto.

Também não pode ser desligado do raciocínio o momento da liquidação da prestação tributária, já que o n.º 3 do artigo 21.º efectua uma clara conexão entre o prazo de prescrição e o prazo de caducidade do direito à liquidação.

A existência de prazos de prescrição distintos para condutas comissivas e condutas omissivas levanta algumas questões. Entendemos que dois contribuintes não deveriam ter tratamento diferente se, para um mesmo imposto, num mesmo período, um comete a fraude fiscal apresentando uma declaração com factos alterados, enquanto outro comete a fraude fiscal abstendo-se de enviar a declaração. Na situação limite, o prazo de prescrição em ambas as situações seria o do n.º 3 do artigo 21.º, ou seja, o prazo de caducidade do direito à liquidação.

A alínea a) do n.º 3 do artigo 59.º do CPPT permite que o contribuinte, em caso de erro de facto ou de direito nas declarações, as substitua, seja qual for a situação da declaração a substituir, desde que ainda esteja a decorrer o prazo legal da respectiva entrega. A alínea b) do mesmo artigo permite a entrega após o prazo, em determinadas condições, mas sem prejuízo da responsabilidade contra-ordenacional e, por maioria de razão, sem prejuízo da responsabilidade penal. Uma decla-

---

[112] DIAS, Augusto Silva – *Os crimes de fraude...*, p. 55, defende que é no momento da entrega da declaração ou da entrega no correio; POMBO, Nuno – *A Fraude...*, p. 78... afirma que «o momento relevante é o da recepção da declaração "defraudada" ou o termo do prazo para a sua apresentação».

ração queseja entregue preenchendo a tipicidade da fraude fiscal e que seja substituída, dentro do prazo legal de entrega, por uma declaração sem qualquer irregularidade, não implicará o cometimentode uma infracção tributária[113].

Face a isto, podemos concluir que o agente perde o domínio do facto no final do prazo legal de entrega da declaração. Sendo o momento da prática do crime o momento em que o agente perde o domínio do facto, no caso dos impostos em que existe autoliquidação ou entrega de declaração[114], este momento será o final do respectivo prazo legal.

Questão delicada levanta-se quando a declaração é entregue pessoalmente pelo agente numa repartição de finanças e o funcionário detecta que o contribuinte está a cometer um crime de fraude fiscal, podendo, de imediato, elaborar o auto de notícia. A entrega de nova declaração, ainda dentro do prazo legal, fará com que a sua conduta não seja punível?

A solução poderá ser encontrada através de um dos elementos do dolo, o elemento volitivo. Se o contribuinte, por sua vontade, ainda dentro do prazo legal, se arrepender do crime praticado e desistir, evitando a consumação ou a verificação do resultado do crime, não deverá ser punido[115]. Agora, se a consumação ou verificação do resultado não ocorrerem por facto independente da conduta do desistente, neste caso pela elaboração do auto de notícia, sendo que o agente se esforçou seriamente por evitar a consumação ou a verificação do resultado, através da substituição da declaração ainda dentro do prazo legal e do pagamento da eventual prestação tributária, a tentativa não é punível[116].

---

[113] No mesmo sentido SIMAS SANTOS, Manuel e SOUSA, Jorge Lopes – *Regime Geral...*, p. 636 e MARQUES DA SILVA, Isabel – *Regime Geral...*, p. 158 que sustenta afirmando que «tal efeito só se verificará no caso de decorrer ainda o prazo legal de entrega da declaração e que, se a entrega da declaração de substituição ocorre já depois de extinto esse prazo, a responsabilidade criminal subsiste, não obstante poder haver lugar a dispensa da pena, observados que estejam os requisitos do n.º 1 do artigo 23.º do RGIT».

[114] Contra SOUSA, Susana Aires – *Os crimes...*, p. 85: «A consumação da fraude fiscal ocorre pois quando os factos tributários alterados entram na esfera de domínio e conhecimento das autoridades fiscais provocando uma situação de erro quanto à situação tributária do contribuinte. E não nos parece que seja suficiente que a declaração saia da esfera de domínio do contribuinte ou do sujeito passivo da relação tributária».

[115] N.º 1 do artigo 24.º do Código Penal.

[116] N.º 2 do artigo 24.º do Código Penal.

A função da administração fiscal é auxiliar a arrecadação de impostos, devendo para tal prestar aconselhamento aos contribuintes. A perseguição de potenciais infractores não é o objectivo. O funcionário que, de boa-fé, alerte o contribuinte da incorrecção da declaração estará, portanto, a agir com uma conduta dentro das suas atribuições. Porém, se o funcionário elaborar o auto de notícia, mesmo tendo o agente reposto a verdade fiscal, este poderá vir a beneficiar dos artigos que permitem a dispensa, atenuação e suspensão da pena aquando da reposição da verdade sobre a situação tributária[117].

Surge outra situação na liquidação do IMT. O contribuinte pretende fazer um negócio simulado[118] de compra e venda de um imóvel e, para tal, efectua a autoliquidação do imposto[119] baseado no montante do negócio simulado, antes do momento da realização do contrato simulado. O crime só será consumado na celebração do negócio simulado, ou seja, aquando da celebração da escritura pública do contrato de compra e venda, conforme artigo 875.º do Código Civil. A autoliquidação referida deve entender-se como um acto preparatório, não estando, portanto, o crime consumado.

2.6. Vantagem patrimonial

Desde Janeiro de 2006, não são puníveis os factos previstos no artigo 103.º do RGIT se a vantagem patrimonial ilegítima for inferior a € 15.000. Anteriormente, o limite inferior da punibilidade era de € 7.500.

---

[117] Ver *supra* "Estado de necessidade desculpante", p. 25 e "O pagamento: atenuante ou condicionante?", p. 29. POMBO, Nuno – *A Fraude...*, p. 85 afirma que «entender que não incorre em responsabilidade criminal quem promova a substituição da declaração significa, ao cabo e ao resto, pressupor que essa mesma responsabilidade está na disponibilidade do agente, *rectius*, do contribuinte, o que não se concede. Descoberta a ilicitude, sempre poderia, se estivesse em prazo, o contribuinte, se só ele pudesse cometer o crime, o que rejeitamos, convolar a sua conduta de crime em contra-ordenação ou até de crime em nada, o que anularia boa parte da finalidade de prevenção da própria incriminação».

[118] Ver desenvolvimento sobre o negócio simulado *infra* ponto "Negócio simulado", p. 78.

[119] Nasce a obrigação tributária do Imposto Municipal sobre as Transmissões Onerosas de Imóveis no momento em que ocorrer a transmissão (n.º 2 do artigo 5.º do CIMI), mas a liquidação deve preceder o acto ou facto translativo dos bens (n.º 1 do artigo 22.º do CIMI).

Abaixo daquele limite a conduta poderá ser punível em um processo contra-ordenacional.

A primeira questão que se nos levanta é a de saber se o limite estabelecido constitui elemento constitutivo do crime de fraude fiscal ou mera condição de punibilidade deste. A letra da lei parece-nos indicar que no crime de fraude fiscal o limite quantitativo mínimo constitui condição de punibilidade e não elemento do tipo, o mesmo já não se passa no crime de fraude contra a Segurança Social, previsto e punido pelo artigo 106.º do RGIT[120]. Defendemos que, face à harmonia que se exige dentro de um mesmo diploma legal, deve fazer-se uma interpretação correctiva do estipulado no crime de fraude fiscal[121].

Como já foi referido, neste tipo de crime está sempre em causa a susceptibilidade de a conduta causar diminuição das receitas tributárias. Não são puníveis:
- as condutas que não sejam idóneas para causar diminuição das receitas tributárias iguais ou superiores a € 15.000, mesmo que o agente pretenda uma vantagem superior àquele limite. Neste caso, estamos perante uma tentativa impossível[122];
- as condutas que visem um benefício patrimonial inferior aos € 15.000, mas em que, na prática, o agente venha a ter um enriquecimento superior.

Em sede de matéria penal, e não em matéria tributária, será sempre necessária a prova do montante da vantagem patrimonial, ou do montante da diminuição das receitas tributárias. Em caso algum podem ser aceites presunções de valores, bem como a utilização de métodos indirectos[123].

De igual modo, apesar de o n.º 8 do artigo 35.º da LGT referir que os juros compensatórios são parte integrante da própria dívida do imposto,

---

[120] Baseamos esta posição pela letra da lei. Enquanto o n.º 2 do artigo 103.º afirma «não são puníveis os factos se a vantagem patrimonial ilegítima for inferior a € 15.000», ou seja, um elemento negativo do tipo, o artigo 106.º, que se refere à fraude contra a Segurança Social, estipula que «constituem fraude contra a Segurança Social as condutas (...) com intenção de obter (...) vantagem patrimonial ilegítima de valor superior a € 7.500», ou seja, um elemento constitutivo do tipo.
[121] No mesmo sentido MARQUES DA SILVA, Isabel – *Regime Geral...,* p. 156.
[122] N.º 3 do artigo 23.º do Código Penal.
[123] N.º 2 do artigo 83.º da LGT.

para efeitos penais nenhum acréscimo pode ser considerado para o cálculo do montante da vantagem patrimonial. Imagine-se ilícito praticado cujo montante original era de € 12.000. O Ministério Público poderia aguardar algum tempo para formular a acusação, aguardando que os juros permitissem atingir os € 15.000. O tempo não pode ser um factor para determinar o grau de censurabilidade da conduta.

2.7. Alteração dos valores com o decurso do tempo

Não será aqui desenvolvido o princípio da aplicação da lei mais favorável, mas há situações que devem ser vistas sob este princípio. Apresentam-se, de seguida, exemplos simples e reais:
- Em 1 de Janeiro de 2006 foi alterado o limite de punibilidade de € 7.500 para € 15.000. Assim sendo, mesmo as situações anteriores àquela data serão tratadas com o novo limite[124];
- Um contribuinte, em 2002, procedeu a alterações à contabilidade que reduziram a matéria colectável para efeitos de IRC em € 50.000. Aplicando a taxa da altura (33% = 30% IRC + 10% de derrama), causou uma diminuição das receitas tributárias de € 16.500. Não estando ainda o processo concluído em 2006 e sendo a nova taxa aplicável de 27,5% (25% + 10% de derrama), a colecta deveria ser € 13.750. Aqui não há uma sucessão de leis no tempo. A taxa de imposto aplicável refere-se sempre ao exercício em curso, pelo que não existe qualquer razão para a aplicação da taxa de 2006 a actividades exercidas em 2002. Logo, a conduta é punível;
- Determinado imposto é abolido[125] no exercício seguinte à conduta criminosa. Deverá extinguir-se a responsabilidade criminal?

Se no primeiro dos exemplos a interpretação parece-nos pacífica[126], nos outros asopiniões divergem[127].

---
[124] Ver *infra* nota 126.

[125] Por exemplo, o Imposto sobre Sucessões e Doações foi abolido pelo DL 287//2003. Deverão ser arquivados todos os processos ainda não julgados e terá repercussões para além do caso julgado.

[126] SILVA, Isabel Marques – *Regime Geral das Infracções Tributárias* – Cadernos IDEFF n.º 5, Almedina, 2.ª edição, 2007, p. 41, afirma sem hesitações que «a duplicação

A questão reside no montante da vantagem patrimonial obtida. No primeiro caso, discute-se qual o limite a partir do qual a conduta é punível; no segundo, discute-se o critério de como chegar ao montante, e aqui deve prevalecer o princípio *tempus regit actum*.

Talvez o melhor método seja fazer um paralelo com o direito penal comum. Se um agente furta, a um comerciante de arte, um quadro de um promissor artista cujo valor de mercado, na altura do furto, era de € 18.000, pode afirmar-se que cometeu furto qualificado punível com uma pena de prisão de 2 a 8 anos. Passados alguns anos, aquando do julgamento, o promissor artista não confirmou as expectativas e o quadro passou a ter um valor ínfimo. Deverá ser tido em conta qual dos valores? Seguramente o do prejuízo causado ao comerciante na altura da prática do crime.

Situação análoga é a da mudança da taxa de imposto. O Orçamento de Estado previa determinada receita para o exercício, o montante da receita para aquele período nunca poderá ser o aplicável a exercícios diferentes.

Em sentido não jurídico, poderíamos afirmar que o imposto é um preço que o cidadão "paga" para viver em comunidade, e que o preço presente não terá que ser o mesmo que no futuro. A valoração de uma conduta deve ser feita em função do "preço" ao tempo em que a conduta foi praticada.

A questão também pode ser vista de forma a considerarmos a Lei do Orçamento de Estado como uma lei temporária, ou seja, válida para um determinado período de tempo, podendo ser aplicado o n.º 2 do artigo 2.º do Código Penal. Devemos considerar a Lei do Orçamento de Estado

---

do limite quantitativo mínimo da incriminação da fraude fiscal efectuada pela Lei do Orçamento de Estado para 2006 é de aplicação retroactiva e implica a descriminalização das condutas em que o proveito pretendido com o crime se compreenda entre 7.500 e 14.999,99 euros».

[127] POMBO, Nuno – *A Fraude...*, p. 65, defende que alterações fiscais posteriores no sentido da eliminação ou redução da taxa do imposto relevam para efeito da sucessão de leis no tempo, pois «as normas a que se refere a lei penal, ou aquelas que são por ela tidas em conta de qualquer maneira para a própria delimitação do ilícito, são elementos normativos da descrição que sofram dos seus conceitos. A ser assim (...), não serão indiferentes as alterações que sofram as normas recebidas ou referidas, no caso de se mostrarem elas mais favoráveis ao arguido».

como uma lei temporária, mas a lei que rege cada um dos impostos é a sua própria lei, que muitas vezes é alterada pela Lei do Orçamento de Estado. Ou seja, as leis que regem cada um dos impostos não são leis temporárias. Porém, normalmente, os parâmetros dessas leis, nomeadamente as taxas e escalões, são definidos por uma lei válida para determinado período de tempo, donde se pode dizer que a parte das leis fiscais que rege taxas e escalões pertence à classe das leis temporárias.

2.8. Cada declaração a apresentar à administração

Quando o legislador incluiu o n.º 3 no artigo 103.º, pensou seguramente abarcar diversas situações, não deixando margem para dúvidas nas situações mais vulgares.

Por exemplo, o valor que releva nas declarações do IVA, independentemente de as mesmas serem de periodicidade mensal ou trimestral, é o de cada uma das declarações apresentadas, independentemente da quantidade de movimentos ou transacções efectuadas em cada um dos períodos.

A questão que pode surgir é quando uma única conduta relevar para mais de um imposto. Um exemplo directo é o da compra e venda de imóveis, que são passíveis de IMT e Imposto do Selo.

O legislador, harmoniosamente, ao longo do artigo, incrimina o agente que visar a não liquidação, entrega ou pagamento da prestação tributária ou obtenção indevida de benefícios fiscais, reembolsos ou outras vantagens patrimoniais susceptíveis de causarem diminuição das receitas tributárias em montante não inferior a € 15.000. No final, afirma que os valores a considerar são os que devam constar de cada declaração tributária.

Há uma ligação directa entre a conduta, a vantagem patrimonial e cada declaração.

A dúvida surge quando se questiona se deve ser consideradacada declaração fiscal ou cada declaração *per si*. Quando é declarado que se vai comprar um imóvel por determinado valor, é feita uma declaração de valor, uma declaração para efeitos de IMT e Imposto do Selo ou duas declarações distintas, uma para efeitos de IMT e outra para efeitos de Imposto do Selo?

O que interessa é a vantagem que globalmente o agente visou beneficiar ilegitimamente, o montante que é apresentado em cada declaração fiscal ou aquele que é apresentado nas declarações para cada um dos impostos? Entendemos que o que releva é a vontade do agente e a vantagem patrimonial pretendida. Não pode dizer-se que, para uma única conduta, houve dolo directo para efeitos de IMT e dolo necessário para efeitos de Imposto do Selo. A existência de uma única conduta susceptível de causar diminuição das receitas tributárias é, no nosso entender, determinante para o conceito de "declaração".É essa a conduta punível e não o acto formal de preenchimento de declarações fiscais e muito menos se o total a pagar se divide em dois ou mais tributos.

Diferente situação é a verificada em situações de IVA e IRC, ou similares. No caso do IMT e Imposto do Selo existe uma declaração para a tributação de uma transacção, enquanto no IVA e IRC podem existir conjuntos de transacções diferentes. Além de que na primeira das situações os dois impostos em causa tributam, de formas diferentes, a mesma transacção, enquanto na segunda o fundamento dos impostos é substancialmente distinto, um tributa a transacção *per si*, no outro a tributação é feita com base na actividade do contribuinte.

2.9. Negócio simulado

A alínea c) do n.º 1 do artigo 103.º do RGIT atribui ao negócio simulado a possibilidade de ser um meio para o cometimento da fraude fiscal.

A simulação é uma modalidade de divergência entre a vontade real e a vontade declarada. Algumas vezes nem sequer existe a vontade de se fazer um negócio[128], mas existe sempre uma vontade de enganar terceiros.

A simulação[129] tem sido alvo de profundos estudos no âmbito do Direito Civil, pelo que será escusado fazer aqui qualquer desenvolvimento.

---

[128] É a distinção entre simulação relativa e simulação absoluta. Na simulação relativa existe um negócio simulado e um dissimilado; na absoluta, só existe um negócio simulado, porque nunca houve intenção de se fazer algum negócio.

[129] Ver: POMBO, Nuno – A Fraude..., Capítulo III.

Importa lembrar apenas que, para haver um negócio simulado, é indispensável a participação de mais de um sujeito, todos com o intuito de enganar alguém. Dentro do âmbito deste trabalho, o alguém que releva é o Estado.

O RGIT é claro ao dizer que não é necessário o negócio ser totalmente simulado, pode ser uma simulação quer quanto ao valor, quer quanto à natureza, quer por interposição, omissão ou substituição de pessoas.

Entre nós, para os efeitos deste estudo, o que releva mais é a simulação quanto ao valor, com a finalidade de diminuição da tributação fiscal. As partes acordam um valor a declarar que é diferente do valor do contrato. O valor declarado poderá ser superior ou inferior, consoante a finalidade e o tipo de imposto que se pretenda evadir[130]. Todavia, há que considerar também uma simulação integral, como a que é feita quando se simula uma doação a terceiros, por exemplo a favor dos filhos.

Se, para efeitos tributários, é bastante uma decisão administrativa, sobre a qual o contribuinte dispõe de meios legais de recurso hierárquico e de impugnação judicial, para efeitos penais é necessário fazer-se a prova da simulação.

Existe pelo menos uma situação em que, para efeitos tributários, ocorre a presunção de que o negócio é simulado. O n.º 1 do artigo 59.º do CIRC dispõe que «*não são dedutíveis, para efeitos de determinação do lucro tributável, as importâncias pagas ou devidas, a qualquer título, a pessoas singulares ou colectivas residentes fora do território português e aí submetidas a um regime fiscal claramente mais favorável salvo se o sujeito puder provar que tais encargos correspondem a operações efectivamente realizadas e não têm carácter anormal ou um montante exagerado*». Mas esta disposição que, correctamente, dá o ónus da prova à parte que mais facilmente pode fazê-la, vale para efeitos tributários, mas não para efeitos penais.

Como atrás foi referido, a simulação é obrigatoriamente realizada por mais do que uma pessoa, e a fraude fiscal é um crime comum. Assim sendo, é natural que em todos os casos de simulação haja comparticipação. Importa haver um acordo de vontades para que seja cometida a fraude

---

[130] Situação vulgar é a declaração de um valor inferior no contrato de compra e venda de imóvel. O comprador pretende pagar menos IMT e o vendedor declarar uma mais-valia inferior.

fiscal[131]. O agente dificilmente pode executar esse crime sozinho[132], necessitará, quase sempre, de terceiros para proceder à evasão fiscal. Esses terceiros terão sempre a vontade de enganar outros, mesmo que disso não tenham proveito directo. Face a isso, os intervenientes são co-autores e devem ter a sua culpa analisada individualmente, nos termos do artigo 29.º do Código Penal.

---

[131] Ver nota 130.

[132] Excepção será o caso de o agente possuir em simultâneo um «negócio» num paraíso fiscal e daí emitir documentos simulados de prestação de serviços entre a sua posição *off-shore* e a sua posição real de residente.

3. FRAUDE CONTRA A SEGURANÇA SOCIAL

Ao longo dos tempos, tem havido um caminho legislativo paralelo para as punições dos crimes fiscais e dos crimes contra a Segurança Social. O quadro sancionatório dos regimes de Segurança Social vinha--se mostrando incapaz de prevenir a violação dos preceitos legais relativos ao cumprimento das obrigações dos contribuintes perante o sistema de Segurança Social.

O Decreto-Lei n.º 140/95, de 14 de Junho, alterou o Regime Jurídico das Infracções Fiscais Não Aduaneiras (RJIFNA), aprovado pelo Decreto-Lei n.º 20-A/90, de 15 de Janeiro, passando este diploma a incluir os crimes contra a Segurança Social. Os artigos 106.º e 107.º do RGIT prevêem os crimes contra a Segurança Social.

Todavia, o regime das contra-ordenações contra a Segurança Social consta de legislação especial, de acordo com o disposto no n.º 2 do artigo 1.º do RGIT, o que não pode deixar de suscitar uma observação crítica no sentido de ficar prejudicada a organização sistemática que aquela lei quis privilegiar[133].

Segue-se uma análise similar àquela que foi feita para a fraude fiscal, embora menos aprofundada, para evitar que entremos em repetição, tentaremos realçar as diferenças entre os tipos.

3.1. Autoria

A fraude contra a Segurança Social é um crime específico[134], do qual só podem ser autores as entidades empregadoras, os trabalhadores

---
[133] Com a mesma opinião MARQUES DA SILVA, Isabel – *Regime geral...*, p. 35.
[134] Ver notas 66 e 70. No mesmo sentido BANDEIRA, Gonçalo de Melo – Responsabilidade penal económica e fiscal dos entes colectivos, à volta das sociedades comerciais

independentes e os beneficiários. O RGIT alargou a autoria aos beneficiários, que antes, no RJIFNA, não estavam incluídos.

Há que fazer uma interpretação restritiva do conceito de "beneficiário". Numa concepção ampla, todo o cidadão nacional, ou residente, é beneficiário da Segurança Social. Se fosse essa a intenção do legislador não estaríamos perante um crime específico. A inclusão do "beneficiário" visa permitir a punição de situações de recebimento indevido de prestações de Segurança Social.

Simas Santos afirma que «*com a pessoa colectiva, podem ser punidos, cumulativamente, os agentes individuais da infracção (n.º 3 do artigo 7.º do RGIT), sendo-lhes aplicável prisão ou multa dentro dos limites previstos neste artigo 106.º.*[135]». No entanto, com o devido respeito, permitimo-nos discordar.

O referido n.º 3 do artigo 7.º não exclui a responsabilidade individual dos respectivos agentes, mas para tal ela tem que estar configurada previamente. Essa responsabilidade é atribuída pelo artigo 6.º – Actuação em nome de outrem.

Já defendemos[136] que o autor da fraude fiscal poderia ser qualquer pessoa. Esta posição aqui não é sequer equacionável. Naquele ponto, foi colocado o exemplo do contabilista que pratica a fraude em interesse próprio ou no interesse da entidade empregadora. Na fraude contra a Segurança Social, tal não parece ser possível. O n.º 1 do artigo 106.º exige que as condutas sejam«*das entidades empregadoras, dos trabalhadores independentes e dos beneficiários*». A única dúvida que poderia surgir prende-se com a definição de "beneficiário", porém há que ter em conta a restritiva do conceito de "beneficiário" que assumimos. Conclui--se, então, que não é punível, ao abrigo deste artigo, a conduta de um trabalhador da entidade empregadora que vise a não liquidação, entrega ou pagamento de prestações de Segurança Social com intenção de obter para si ou para outrem, diferente da entidade empregadora, vantagem

---

e sociedades civis sob forma comercial, Almedina, 2004, p. 147 e ALMEIDA, Carlos Rodrigues – *Os crimes contra a Segurança Social previstos no Regime Jurídico das Infracções Fiscais Não Aduaneiras*, in Revista do Ministério Público, ano 18, n.º 72, 1997, p. 98.

[135] SIMAS SANTOS, Manuel e SOUSA, Jorge Lopes – *Regime Geral das Infracções Tributárias Anotado* – Áreas Editora, 2003, p. 659.

[136] Ver *supra* "A utoria", p. 44.

patrimonial ilegítima, por ele não estar incluído no círculo restrito de pessoas que possuem as características especificadas.

3.2. Visando a não liquidação de prestação

O crime de fraude fiscal só ocorre quando sejam praticados actos (ou omissões) susceptíveis de causar diminuição das receitas tributárias. No crime defraude contra a Segurança Social existe grande similitude, embora sem a exigência da susceptibilidade de causar diminuição das receitas.

Como no crime de fraude fiscal, não é necessário que ocorra uma efectiva diminuição das receitas, é bastante que a conduta vise o resultado. Ao contrário da fraude fiscal, a conduta não necessita ser idónea para a obtenção do resultado, ou seja, não é exigidaa susceptibilidade de causar diminuição das receitas, e muito menos é necessário que cause a dita diminuição de receitas. É também um crime de resultado cortado, no qual se pretende um resultado, são praticados actos (ou omissões) para a realização do tipo, mas o resultado pode, ou não, ser alcançado.

Conclui-se que a fraude contra a Segurança Social não é um crime de dano, já que não é necessário provocar qualquer lesão. O bem jurídico tutelado é de natureza patrimonial[137], mas não é necessário atingi-lo para que o crime se concretize.

Exige-se que o comportamento ponha em causa as receitas e daí ser possível afirmar que é um crime de perigo concreto: existe uma tutela avançada, colocada antes do momento em que ocorre o dano. O legislador incrimina uma "conduta perigosa", mas não um determinado comportamento, apenas exige que a conduta vise obter uma vantagem patrimonial ilegítima.

Diverso da fraude fiscal, na fraude contra a Segurança Social existe uma clara exigência de dolo específico de obtenção para si ou para outrem vantagem patrimonial ilegítima.

---

[137] Ver *infra* "Bem jurídico-penal protegido", p. 112.

3.3. Vantagem patrimonial

Antes de Janeiro de 2006 havia uma discrepância, difícil de compreender, entre a previsão do artigo agora em análise e a do artigo 103.º do mesmo diploma legal. Enquanto no quadro deste artigo a fraude contra a Segurança Social só é punível se a vantagem patrimonial ilegítima que se pretende obter é de valor superior a € 7.500, não abrangendo o valor igual a € 7.500, na fraude fiscal, a punibilidade só era afastada se a vantagem patrimonial ilegítima fosse inferior a € 7.500, o que significa que abrangia o valor igual a € 7.500.

Actualmente, o valor de referência para a fraude fiscal é de € 15.000, mantendo-se o anterior valor para a fraude contra a Segurança Social. Se anteriormente era notória a desarmonia, agora não é tão flagrante, todavia, consideramos que seria boa política legislativa que, dentro de um diploma legal, seja sempre utilizado o mesmo critério para os limites, ou seja, que o limite (€ 7.500 e € 15.000) fosse sempre incluído ou excluído no tipo[138].

3.4. Remissões

O artigo 106.º remete para algumas disposições dos artigos 103.º e 104.º, o que vem solidificar as similitudes das previsões.

Para o presente estudo é especialmente relevante o conceito do tempo da prática do crime e o «cada declaração a apresentar à administração»[139].

---

[138] Com a mesma opinião MARQUES DA SILVA, Isabel – *Regime Geral...*, p. 14.

[139] Ver *supra* pontos "Tempo da prática do crime" e "Cada declaração a apresentar à administração" p. 68 e p. 76, respectivamente.

4. O CRIME TRIBUTÁRIO CONTINUADO

Consta que a punição da continuidade criminosa é debatida desde os tempos do direito romano. Certo é que, ao longo dos tempos, tem havido uma significativa evolução legislativa e doutrinal, sendo motivo para apaixonadas discussões. Se a sua aplicação não é pacífica no direito penal comum, não se deve dar menor atenção quando estamos perante o direito penal secundário, principalmente quando estamos face a matérias tão recentes como o direito penal económico e tributário.

A efectiva punição penal dos crimes tributários é bastante recente entre nós, sendo que a aplicação regular de penas de prisão pelos nossos tribunais não possui mais do que uma década de prática.

Com a criação do Regime Geral das Infracções Tributárias (RGIT), em 2001, houve uma tentativa de congregar todas as infracções tributárias num único diploma legal. A aplicação do regime da continuação criminosa, prevista no n.º 2 do artigo 30.º do Código Penal, a diplomas de direito penal secundário, como veremos de seguida, pode levantar algumas questões adicionais ao já complexo regime do crime continuado.

Estudar todos os crimes previstos no RGIT e fazer uma análise da possibilidade da sua unificação entre si, e conjuntamente de uns com outros, é uma tarefa árdua, dada a quantidade de combinações possíveis, que não traria resultados com utilidade prática. Optámos por fazer uma abordagem a dois dos tipos mais expressivos entre os crimes tributários, mas de forma a que, por um lado, a sua análise levantasse a questão do bem jurídico-penal tutelado, e, por outro, tivessem similitudes que permitissem um estudo fundamentado. A nossa opção também procurou que as situações apresentadas não fossem apenas teóricas, podendo existir uma aplicação prática perante situações de ocorrência regular.

Para realizar esta análise, foi necessário identificar e descortinar cada uma das questões que se levantam, o que passou pelo estudo de cada um dos dois tipos legais que utilizámos como base do estudo.Passaremos agora ao estudo do conceito de crime continuado e do bem jurídico naqueles tipos de crimes fiscais, para depois ser possível chegar a algumas conclusões.

Não é objectivo de nenhum dos capítulos o aprofundamentodos temas. É nosso objectivo dar uma panorâmica das questões relevantesem cada um dos temaspara que seja possível uma melhor compreensão da questão central. Apoiámo-nos em alguma da vasta doutrina e jurisprudência existente entre nós.

4.1. Crime continuado (em geral)

Apesar de interessante, não há aqui espaço para debater se a figura do crime continuado tem origem no Direito Romano (*propter continuationem*), nos debates dos pós-glosadores italianos, ou se a introdução da figura se deuno século XVIII, nem mesmo para aprofundar a teoria do crime continuado[140].

a) As razões históricas (I)

O Professor Germano Marques da Silva, nas suas lições, costumava referir o «crime formigueiro» como uma das prováveis origens para aquela construção. Utilizava o exemplo da empregada doméstica que regularmente furtava uma diminuta quantia, mas que ao longo do tempo somava uma quantia elevada, tornando possível a sua condenação por furto qualificado[141].

---

[140] Ver, entre outros, CORREIA, Eduardo – *Unidade e Pluralidade de Infracções*, Coimbra Editora, 1945, in A teoria do concurso em Direito Criminal, Almedina, 1996, p. 160-291; MOUTINHO, José Lobo – *Da unidade à pluralidade dos crimes no Direito Penal Português*, Universidade Católica Editora, 2005.

[141] Actualmente tem-se por «furto formigueiro» o tipo de furto previsto no artigo 207.º do Código Penal. Acórdão da TRL, Processo n.º 0611764 de 26.04.2006: «O enquadramento do furto, na previsão do artigo 207.º, b) CP (furto formigueiro) depende da verificação simultânea dos seguintes pressupostos: (i) incidência da subtracção e apropriação sobre objectos comestíveis, bebidas ou produtos agrícolas; (ii) de pequeno valor e pequena quantidade; (iii) de imediata utilização; e (iv) que se destinem a satisfazer uma

Nesta estrutura, em tempos, poderia ser também exemplo paradigmático o crime de adultério: isolado, teria pequeno significado; unificando os diversos crimes de adultério faria com que fosse um crime continuado punívelcom maior severidade. Este exemplo, sem qualquer aplicação entre nós, é utilizado no direito penal brasileiro com efeitos meramente ilustrativos[142].

O agente comete diversos crimes em concurso efectivo. Porém, cada um dos crimes, por si, não assume a mesma gravidade. Haveria ainda a dificuldade de prova das dezenas de minúsculos delitos, sendo mais fácil acusar por um crime continuado.

Esta construção não é aceitável nos dias que correm. Porém, avançando um pouco no nosso tema, levanta-se, desde já, o problema do agente que, ao longo de vários anos, todos os meses comete uma fraude fiscal contra o IVA no valor de € 14.999. Não pode ser punido a título penal, enquanto quem comete apenas uma fraude de € 15.000 já pratica um crime punível[143].

b) As razões históricas (II)

Refere Germano Marques da Silva que«*Carrara escreveu que o crime continuado "deve a sua origem à benignidade dos Práticos, os quais, com seus estudos, tentaram evitar a pena de morte cominada ao*

---

necessidade indispensável do agente, cônjuge, ascendente, descendente, adoptado, parente ou afim até ao 2.º grau».

O artigo 302.º na redacção original do Código Penal de 1982 tinha como epígrafe: Furto por necessidade e formigueiro. Actualmente, o artigo 207.º cumpre essa missão.

[142] BRUNO Aníbal – *Direito Penal* – 3.ª edição, Rio de Janeiro, Forense, 1978, p. 260: «O crime continuado é aquele que é praticado pelo agente mediante mais de uma acção ou omissão da mesma espécie, em razão de determinadas circunstâncias, como o lugar e o tempo. (...) cada uma das acções que se sucedem se apresenta isoladamente como um crime completo, independente, embora seja apenas um episódio de um crime único como resulta da conexão que as circunstâncias de tempo, lugar e outras semelhantes em que as várias acções se realizam estabelecem entre elas. O agente pode furtar um saco inteiro de açúcar subtraindo cada dia uma pequena porção. Assim também quando o criado subtrai cada dia pequena importância da gaveta do patrão, ou quando o indivíduo pratica repetidas vezes adultério com a mesma mulher". Para efeito de sua punição no Direito Penal, toma-se a pena do crime, e acrescenta-se de 1/6 a 2/3, ainda que tenham sido mais de 30 acções ou omissões».

[143] N.º 2 do artigo 103.º da Lei n.º 15/2001.

terceiro furto". Com efeito, unificando-se os factos cometidos em razão da permanência da mesma resolução criminosa e do mesmo fim evitava--se a aplicação da consuetudo delinquendi *que tão duras consequências – a pena de morte – acarretava para o autor do furto. O fim da unificação era, pois, o favor rei»*[144].

Procurando identificar o menor grau de culpa do agente, o crime continuado teria de ser concebido a partir da *«equação entre o conceito do crime continuado e a gravidade criminal profundamente diminuída que ele revela em face do concurso real de infracções»*[145]. Há uma diminuição sensível do grau de culpa do respectivo agente, uma vez que a verificação daquelas situações exteriores impulsionam a repetição da actividade criminosa.

A figura do crime continuado foi certas vezes *«imposta por prementes necessidades de economia processual»*[146], traduzidas, por um lado, na dispensa do trabalho esmagador e inútil da identificação de todos os actos singulares e de fixação de pena em relação a cada um deles, e, por outro lado, no ulterior impedimento da renovação da actividade processual. Todavia, o crime continuado seria tratado com o mesmo âmbito previamente traçado e correspondente à especial diminuição da culpa do agente.

Mas esta "economia de esforços" não pode ser aceite, porque cada um dos crimes que compõe a continuidade criminal deve ser provado individualmente. Ninguém pode ser condenado por um crime não provado, mesmo que este seja uma parcela de uma continuação de crimes.

Como mais à frente se verá, uma "estratégia" semelhante ainda hoje é utilizada, não com os fins anteriores, mas com o objectivo de evitar a prescrição de determinados crimes[147].

---

[144] CARRARA, Francesco – *Programa del corso di diritto crimilale*, § 514 – apud. MARQUES DA SILVA, Germano – *Direito Penal Português*, Editorial Verbo, 1998, Volume II, p. 316.

[145] CORREIA, Eduardo – *Unidade e Pluralidade...*, p. 186.

[146] Ibidem, p. 272.

[147] Alínea b) do n.º 2 do artigo 119.º do Código Penal: «O prazo de prescrição nos crimes continuados e nos crimes habituais só corre desde o dia da prática do último acto».

4.2. Previsão actual

A previsão actual teve por fonte principal o artigo 33.º do Projecto da Parte Geral de Código Penal de 1963 e inspirou-se na formulação de Eduardo Correia, exposta na sua obra Unidade e Pluralidade de Infracções. O artigo do projecto foi discutido na 13.ª sessão da Comissão Revisora, em 8 de Fevereiro de 1964. Aí foi aprovado um parágrafo complementar para o n.º 2, que seria o seguinte: *A continuação não se verifica, porém, quando são violados bens jurídicos inerentes à pessoa, salvo tratando-se da mesma vítima*. Como à frente se verá, a supressão deste parágrafo não significa que outra solução deva ser adoptada, mas somente que o legislador considerou a afirmação desnecessária, por resultar da doutrina, e até inconveniente, por a lei não dever entrar demasiadamente no domínio que deve ser reservado à doutrina[148].

A revisão do Código levada a efeito pelo Decreto-Lei n.º 48/95, de 15 de Março, manteve intacto o texto deste artigo. Assim, a definição em vigor para o crime continuadoé que *«constitui um só crime continuado a realização plúrima do mesmo tipo de crime ou de vários tipos de crime que fundamentalmente protejam o mesmo bem jurídico, executada por forma essencialmente homogénea e no quadro da solicitação de uma mesma situação exterior que diminua consideravelmente a culpa do agente»*.

Como refere José Moutinho, *«talvez não haja aspecto em que a doutrina de Eduardo Correia tenha deixado mais claramente as suas marcas do que na definição do crime continuado contida no n.º 2 do artigo 30.º, o que resulta do facto de o Código ter abandonado nessa matéria o nível genérico (e correlativamente vago) a que se cingiu quanto às restantes questões, ensaiando com mais precisão uma definição positiva do crime continuado»*[149].

De toda a forma, a delimitação do crime continuado não é clara, não sendo suficiente a doutrina de Eduardo Correia[150], nem outra qual-

---

[148] Passados mais de 40 anos, a Lei n.º 59/2007, de 23 de Setembro, que introduziu diversas alterações ao Código Penal, acrescentou o n.º 3 ao artigo 30.º. Este possui uma redacção muito próxima da que havia sido anteriormente proposta.

[149] MOUTINHO, José Lobo – *Da unidade à pluralidade dos crimes no Direito Penal Português*, Universidade Católica Editora, 2005, p. 117.

[150] MOUTINHO, José Lobo – *Da unidade...*, p. 127: «A conclusão a tirar é que, apesar de a formulação legal da definição do crime continuado ter tido origem na doutrina de Eduardo Correia, não tem de ser interpretada no sentido que ele lhe deu».

quer[151]. Porém, sai do âmbito do presente estudo o aprofundamento do tema. É, sim, importante compreender as questões que possam surgir na interpretação do texto legal, para depois as analisar à luz dos crimes de fraude tributária.

4.2.1. Realização plúrima

Para a realização plúrima é necessária a existência de várias resoluções criminosas.

A pluralidade de resoluções deve notar-se nas várias realizações criminosas, existindo fragmentações. A figura do crime continuado vai retirar a autonomia de cada uma dessas resoluções, pelo facto de existir uma dependência recíproca que permite uma eventual anulação de um juízo de culpa sobre cada uma delas. Se essa unificação não ocorresse, cada uma dessas resoluções daria origem a um crime que constituiria um facto típico.

Naturalmente que a resolução criminosa não esgota o crime – afinal "pensar não é crime"– mas para a existência de crimes que venham a constituir uma continuidade criminosa é necessária a múltipla resolução criminosa[152].

Apenas com fins ilustrativos apresentam-se situações paradigmáticas:
- António aponta uma arma a Bento e Carlos, que lhe deram o dinheiro e os relógios que tinham com eles. Existe aqui apenas uma, e só uma, decisão criminosa, donde António só pratica um crime[153].

---

[151] É possível citar diversos textos doutrinários sobre a problemática do tema. Pensamos ser bastante, no âmbito do nosso estudo, citar FERREIRA, Cavaleiro – *Lições de Direito Penal* – Verbo, Lisboa, 4.ª edição, 1992, p. 534: «*Como é evidente, a verificação desta figura constitui um problema dogmático extremamente complicado, em todas as hipóteses, porque os conceitos jurídicos apontados se extremam entre si em razão das diferentes consequências jurídicas que se lhes seguem ou se pretende que se lhe sigam*».

[152] Acórdão do STJ de 16 de Janeiro de 1990, Processo n.º 40.2961-3.ª secção: «I – Não se verifica em caso algum o crime continuado quando há uma única resolução criminosa a domina r e presidir a toda a actuação».

[153] Para exemplo admitimos uma única decisão de António. Esta posição não é pacífica, mas extravasa o âmbito do estudo, pelo que não nos alongaremos em demasia.

- Se António, com o mesmo tiro, mata Bento e Carlos, pratica dois crimes de homicídio doloso, supondo que a morte de ambos lhe é imputável dolosamente; praticará, porém, um crime de homicídio doloso e outro de homicídio por negligência se uma das mortes lhe é imputável dolosamente e outra por negligência; cometerá um só crime de homicídio doloso, se quis matar uma das vítimas mas, quanto à outra, não é possível configurar qualquer juízo de censura.

Daqui pode concluir-se que a resolução criminosa não é elemento essencial para a determinação da existência do crime, e muito menos para a unidade ou pluralidade dos crimes. Porém, é factor decisivo na existência de uma continuação criminosa.

4.2.2. Do mesmo tipo ou de vários tipos de crime

A unificação dos vários crimes pode ser tanto do mesmo tipo de crime, como de vários tipos de crime, desde que a tipologia em causa proteja o mesmo bem jurídico.

Não está em causa apenas a situação de crimes em relação de especialidade, como o caso do furto e do furto qualificado. Os tipos podem ser totalmente distintos.

Eduardo Correia começa por afirmar que *«quando são realizados vários tipos de crime, são negados necessária e concomitantemente diversos valores jurídicos criminais, e parece ficar excluída sempre a possibilidade de uma continuação criminosa»*, mas depois prossegue afirmando que *«quando (...) se verifique que os diversos tipos legais, considerados os valores que os informam, coincidem fundamentalmente, isto é, na sua maior parte, haverá mais que razão para considerar verificada a coesão objectiva necessária à continuação criminosa do*

O concurso ideal de crimes não está incorporado no Código Penal, porém a solução apresentada baseia-se na posição de MOUTINHO, José Lobo – *Da unidade...*, p. 1167*1214; Mais consensual é a posição na situação que poderíamos ter apresentado na qual "António aponta uma arma a todos os passageiros de um autocarro e exige-lhes os seus bens"; Ver nota n.º 155.

que para negá-la. Até porque de outra maneira acabaríamos por fixar ao crime continuado um âmbito demasiado estreito»[154].

Na legislação actual, a possibilidade de unificação dos vários tipos de crime não levanta quaisquer dúvidas. O próprio Código Penal, no seu artigo 79.º, estipula que o «*crime continuado é punível com a pena aplicável à conduta mais grave que integra a continuação*». Se a opção do legislador não fosse a possibilidade da unificação entre diversos tipos de crime, este artigo não teria razão de existência.

Mais difícil é a determinação de quais os tipos de crimes que podem integrar uma conduta criminosa continuada. Se fosse extravasado o âmbito deste estudo, deveria ser analisada a eventual continuidade entre a fraude fiscal, o abuso de confiança, a burla tributária, os crimes aduaneiros e até a fraude e o abuso de confiança contra a Segurança Social.

Como oportunamente dissemos, o estudo está limitado à fraude fiscal e à fraude contra a Segurança Social, todavia isso não nos impede de afirmar que a conclusão a que chegaríamos, caso analisássemos outros crimes tributários, seria em tudo semelhante à que defendemos no final do presente estudo.

4.2.3. *Que fundamentalmente protejam o mesmo bem jurídico*

A questão do "bem jurídico" fez com que se escrevessem muitos milhares de páginas, sem que a sua definição ficasse estabelecida. Concluímos que existe uma impossibilidade para uma definição técnica alargada do bem jurídico. Ela poderá ser analisada casuisticamente ou, quanto muito, para determinada categoria de crimes.

É fácil determinar o bem jurídico quando estamos perante bens altamente pessoais, como a vida ou a honra, mas o mesmo já não se passa quando falamos de outras categorias de bens[155].

---

[154] CORREIA, Eduardo – *Unidade*..., p 262-263.

[155] Acórdão do STJ de 14 de Abril de 1983, BMJ, 326, 322: «Não obstante o crime de roubo ser contra a propriedade, o elemento pessoal tem no mesmo uma particular relevância, porque com a sua prática é posta em causa a liberdade, a integridade física ou até a própria vida da pessoa roubada. Daí que, sendo embora admissível a continuação criminosa quando haja diversidade de sujeitos passivos, naquele crime, se praticado com repetição mas pondo em causa, nas diversas actuações, pessoas diferentes, se não possa

Se, tradicionalmente, o bem jurídico tem servido para fundamentar importantes decisões na jurisprudência, nomeadamente quando há que decidir entre a unidade e a pluralidade de crimes, hoje existem correntes que alertam para o perigo do foque nesse "instrumento"[156]. Todavia, não há grande relevância desta problemática no âmbito do presente estudo.

A fraude fiscal ofenderá sempre o mesmo bem jurídico, independentemente da opção que se tomará mais à frente entre a transparência fiscal, o erário público[157] ou o dever de colaboração com a administração fiscal. Ou seja, se for feita a opção por um bem jurídico, esse será sempre o ofendido, logo esta questão não é relevante para o nosso estudo.

O mesmo não se passará se porventura o estudo evoluir para o problema levantado no ponto "Do mesmo tipo ou de vários tipos de crime" (p. 94.). Nesse caso, importará verificar se a transparência fiscal é a mesma quando tratamos da administração tributária e quando tratamos da Segurança Social, ou se o erário inclui as receitas da Segurança Social e ainda se o dever de colaboração com a administração fiscal se estende à Segurança Social. Haveria ainda que cruzar os bens jurídicos, já que nada garante que o bem jurídico de uma fraude fiscal seja semelhante ao do abuso de confiança contra a Segurança Social, podendo, por exemplo, num caso ser os cofres da Segurança Social e noutro a transparência fiscal.

---

falar em crime continuado, mesmo que se verifiquem os demais pressupostos deste, por em cada uma delas ser posto em causa um interesse eminentemente pessoal diverso». Acórdão do STJ de 16 de Janeiro de 1990; Processo. N.º 40.2961-3.ª: «III – Havendo uma única resolução criminosa, e por isso um só crime, com pluralidade de vítimas, o dano cometido mede-se pelo valor dos danos parciais de que foram vítimas os ofendidos a quem se atribuíram indemnizações. IV – Havendo pluralidade de lesados, haverá um só crime se não houver pluralidade de juízos de censura, mas antes uma resolução criminosa e, desde que se trate de uma burla única, o valor do prejuízo causado é o resultante da soma das diferentes parcelas, valor esse que tem de ser objectivamente determinado, pouco importando o reflexo que o crime teve na esfera patrimonial de cada uma das vítimas».

[156] MOUTINHO, José Lobo – *Da unidade...*, p. 367-376.

[157] É aqui usada, não da forma mais correcta, a expressão «erário público», por ser essa a forma que correntemente é utilizada. Conforme o Dicionário Electrónico Houaiss da Língua Portuguesa, versão 1.0.5A, de Novembro de 2005, erário é o «*conjunto dos recursos financeiros públicos; os dinheiros e bens do Estado*», donde o «público» é excessivo.

Um último enfoque no tema por causa da expressão «fundamentalmente», que a lei utiliza para dizer que, sendo diversos os tipos incriminadores preenchidos com as várias condutas do agente, todos irão proteger essencialmente o mesmo interesse. Assim, iremos então perseguir a ideia de que o erário inclui o orçamento da Segurança Social[158].

Desde logo, antes de penetrarmos no campo jurídico da questão, vamos inspirar-nos em actuais discussões políticas, nas quais se debate o orçamento da Segurança Social através de dotações do Orçamento Geral do Estado. Não pode este estudo fazer uma análise económica do problema, mas pode seguramente constatar que o défice orçamental da Segurança Social é coberto pelo Orçamento Geral do Estado e depois deixar em aberto a questão do bem jurídico para os crimes em análise[159].

4.2.4. Forma essencialmente homogénea

Delimitar o que se entende por «essencialmente homogéneo» não é tarefa simples, e como diz Eduardo Correia, *«este fundamento, embora quase sempre apontado pela doutrina, mal aparece fundamentado»*[160].

Com efeito, é realmente impossível fixar, com rigor, onde começa e onde acaba tal homogeneidade, pode ser muito diferente de caso para caso. Assim, não será preciso determiná-la com rigor extremo. Eventualmente, em certas e determinadas situações, a sua análise pode não ter que ser exaustiva, desde que as diversas actividades preencham o mesmo tipo de delito e haja similitude no modo de execução. Pelo contrário, dever-se-á tentar fixá-la com maior precisão quando forem realizados vários tipos criminais referidos ao mesmo bem jurídico fundamental.

Entre outros, o meio e o modo utilizado para concretização do crime é um dos factores mais importantes[161].

---

[158] Ver *infra* "Posição adoptada", p. 119.
[159] Ver *supra* "O crime tributário continuado", p. 86.
[160] CORREIA, Eduardo – *Unidade...*, p. 265.
[161] Acórdão do STJ de 21 de Setembro de 1994, Processo n.º 46182-3.ª: «Falta o requisito da homogeneidade na forma de execução quando o agente subtrai objectos da casa de habitação do ofendido, onde entrou por escalonamento de janela que estava entreaberta e, passados 5 dias, volta a entrar na mesma casa, pela mesma janela, mas agora acompanhado de outro co-arguido, que ficou a vigiar e o ajudou a retirar o objecto da casa do ofendido.»

No âmbito deste nosso estudo, será o tipo de imposto o critério mais importante para verificar a homogeneidade. Por exemplo, é discutível qual o grau de homogeneidade entre uma fraude contra o IVA e outra contra o IRC, um imposto com periodicidade mensal, ou trimestral, conjuntamente com um imposto com periodicidade anual. Talvez mais homogénea seja a fraude em "impostos" com periodicidade idêntica, como o IVA mensal e a Segurança Social, que também tem periodicidade mensal.

Já em relação a crimes como frustração de créditos, contrabando e abuso de confiança, apesar de não serem tratados ao longo deste estudo, devemos afirmar que a homogeneidade na execução entre eles, e com a fraude fiscal, ou com a fraude contra a Segurança Social, será sempre diminuta, já que, no essencial, são crimes de execução vinculada, donde a unificação de condutas que dê origem ao crime tributário continuado é improvável. Relativamente aos crimes de burla e fraude tributários a análise deverá ser mais aprofundada, todavia, como temos vindo a afirmar, está fora do âmbito do presente estudo.

4.2.5. Situação exterior que diminua a culpa do agente

Claramente o nosso ordenamento jurídico não se baseou no «crime formigueiro»[162] para a definição do crime continuado.O elemento que a lei prevê, e que é verdadeiramente determinante no conceito, é a diminuição da culpa do agente no caso concreto em função do quadro de uma mesma situação exterior.[163] Eduardo Correia afirma que o *«pressuposto da continuação criminosa será, verdadeiramente, a existência de uma relação que, de fora, e de maneira considerável, facilitou a repetição da actividade criminosa, tornando cada vez menos exigível ao agente que se comporte de maneira diferente, isto é, de acordo com o direito»*[164].

---

[162] Ver supra "Crime c ontinuado (em geral)", p. 87.

[163] Isto não significa dizer que o crime formigueiro não seja potencialmente uma situação de crime continuado.

[164] CORREIA, Eduardo – *Direito Criminal* – Coimbra Editora, 1971, volume II, p. 209. Depois, o autor acrescenta como exemplos de situações exteriores naquelas condições: a) ter-se criado, através da primeira actividade constitutiva da infracção, um certo acordo entre os sujeitos; b) voltar a verificar-se uma oportunidade favorável à prática da infracção

É no próprio Código Penal, no seu artigo 72.º, que tem como epígrafe a "determinação da medida da pena", que encontramos fundamentos para atenuação especial da pena, quando existam circunstâncias que diminuam por forma acentuada a culpa do agente. Trata-se de outra estipulação para ponderação da pena em função da culpa, sem, no entanto, entrar no campo do crime continuado. Não se conduz ao reconhecimento de um só crime, mas apenas ao reconhecimento de um concurso de crimes, que, por força do valor atenuante das circunstâncias verificadas em relação a cada um deles, determina a diminuição da culpa do agente, a ilicitude do facto ou a necessidade da pena, fazendo com que a pena em concreto possa vir a ser atenuada.

O artigo 77.º converte todas as penas numa única, a qual tem como limite máximo a soma das penas concretamente aplicadas aos vários crimes e, como limite mínimo, a mais elevada das penas concretamente aplicadas aos vários crimes.

Assim, é possível concluir que há casos de pluralidade de crimes, com acentuada diminuição da culpa do agente, onde é ponderada a atenuação da pena, não sendo porém reconhecido um só crime continuado. Os limites das penas são claramente diferentes. Num caso, a pena mínima aplicável será a mais elevada das penas concretamente aplicadas e, no outro, a pena aplicável será dentro dos limites da pena aplicável à conduta mais grave que integra a continuação[165]. Isto não significa taxativamente que a punição do crime continuado será menor que a punição dos crimes em concurso após o cúmulo jurídico[166], mas na prática dificilmente não se chegará a essa realidade[167].

---

que já foi aproveitada ou que arrastou o agente para a primeira conduta; c) perduração do meio apto para realizar o delito que se criou ou adquiriu para executar a primeira conduta; d) a circunstância de o agente, depois de executar a resolução de praticar a infracção, verificar haver possibilidades de alargar o âmbito da actividade.

[165] Acórdão do STJ de 4 de Maio de 1983, processo n.º 36975: «Na punição do crime continuado, o número e a gravidade dos actos unificados podem e devem tomar--se em consideração como factores de agravação».

[166] Não é este o caminho traçado por Eduardo Correia em *Unidade...*, p. 271-276.

[167] MOUTINHO, José Lobo, *Da unidade...*, p. 1100-1143 debate alargadamente esta problemática. Na p1108 afirma que «será tudo menos raro que a soma das penas concretamente aplicadas a cada um dos crimes seja inferior ao limite máximo do tipo de pena mais grave entre as estabelecidas nas diversas normas aplicáveis».

O ponto essencial é a identidade da situação exterior[168] e da solicitação derivada, a qual já foi aproveitada pelo agente para a perpetração de facto globalmente semelhante. A diminuição considerável da culpa representará uma exigência suplementar para que essa identidade da situação exterior, comum a todos os actos, assuma a relevância de impedir a sua apreciação isolada[169].

4.2.6. Conexão temporal

Apesar de não ser explícito na lei, para a unificação dos diversos crimes que constituem um crime continuado, há que existir uma ligação temporal significativa[170]. A mesma situação exterior deverá dar-se num espaço de tempo durante o qual os diversos crimes tenham "continuidade"[171].

Não pode considerar-se dentro da continuidade uma situação exterior se surgida *a posteriori*, mesmo que semelhante à primeira, mas sem qualquer ligação temporal. A situação exterior, requisito do artigo 30.º do Código Penal, também deverá «ser a mesma», logo o tempo será um factor a ter em conta.

---

[168] Acórdão do STJ de 27 de Abril de 1983, processo n.º 36933: «Verifica-se um crime continuado quando se provem plúrimas violações da mesma norma pelo agente, proximidade temporal das respectivas condutas parcelares e também a manutenção da mesma situação exterior, a proporcionar as subsequentes repetições e a sugerir a sua menor censurabilidade».

[169] Acórdão do STJ de 26 de Janeiro de 1983, BMJ, 323, 208: «À continuação criminosa é essencial, além de outros requisitos, a verificação, na execução dos diversos actos (crimes) que vão ser unificados, de um certo condicionalismo ou situação exterior que facilite ao agente a prática de tais actos, de modo a contribuir para uma diminuição considerável da culpa». Acórdão da RP de 6 de Julho de 1988; BMJ, 379, 645: «Se tiver havido uma pluralidade autónoma de infracções, a regra é o concurso de crimes, a não ser que a culpa se encontre consideravelmente diminuída pela concorrência de factores exógenos que tenham facilitado as repetidas sucumbências».

[170] Acórdão do STJ de 17 de Fevereiro de 1983; BMJ, 324, 447: «Para a unificação de vários actos num só crime continuado é necessário, além do mais, uma certa conexão temporal. Sem esta não se evidenciará uma diminuição sensível da culpa, por não ser de presumir uma menor reflexão sobre a acção criminosa anterior, facilitadora do repetido sucumbir».

[171] Curioso referir o limite das 20 horas estabelecido pela Lei de 30 de Agosto de 1795 da Toscana que, ao que se sabe, foi a primeira disposição legislativa italiana para o crime continuado. Cfr. CORREIA, Eduardo – *Unidade...*, p. 166.

Esta será uma questão chave a ser debatida ao longo deste estudo e da qual se pretendem conclusões. Para já, como se tem feito, deixam-se questões pertinentes em aberto:
- A conexão temporal entre os crimes contra o erário deverá respeitar a periodicidade do tributo?
- É possível que uma conduta semelhante e prolongada resulte numa multiplicidade de crimes continuados?

4.3. Bem jurídico protegido

Um dos pontos fulcrais deste estudo será a determinação do bem jurídico protegido. Se, por um lado, as condutas proibidas e punidas devem estar referidas, por exigências de legitimação penal, à protecção de um bem jurídico, por outro, o bem jurídico é um dos requisitos para a unificação de crimes, formando um único crime[172].

Nos crimes tributários, não tem sido pacífica, entre a doutrina e a jurisprudência, esta determinação, estando identificadas três construções.

Uma centra-se na violação dos deveres de informação, transparência e verdade fiscal, muito próxima dos bens jurídicos dos crimes de falsificação. A vida em sociedade deve fundar-se na segurança, no conhecimento e na fiabilidade do tráfico jurídico[173].

Uma segunda construção tem como núcleo o prejuízo patrimonial do Estado. Este necessita da obtenção atempada das receitas tributárias, logo estamos perante um crime predominantemente de dano ou lesão, cuja consumação exige um prejuízo patrimonial, ou um perigo para o património[174].

Outras construções criam modelos mistos, onde há a combinação de elementos das duas construções anteriores, procurando conjugar a transparência fiscal e o dever de colaboração, com os interesses patrimoniais do Estado, e, por sua vez, dos cidadãos. Entre nós, a versão originária do RJIFNA seguia claramente este princípio[175], criando um crime de perigo, onde não era preciso alcançar o resultado para a consumação do crime.

---

[172] Ver *supra* "Que fundamentalmente protejam o mesmo bem jurídico", p. 95.
[173] Ver *infra* "Ofensa ao dever de colaboração e transparência", p. 113.
[174] Ver *infra* "Ofensa ao sistema económico", p. 115-118.
[175] Ver nota 58.

O Decreto-Lei n.º 394/93[176] eliminou o elemento subjectivo do tipo, e a sua conjugação com o artigo 26.º do RJIFNA, que condicionava a concessão do arquivamento do processo e da isenção de pena à reposição, pelo agente, da "verdade sobre a situação fiscal", levou a que Figueiredo Dias e Costa Andrade afirmassem que «a fraude fiscal emergia tipicamente como um crime de falsidade»[177], considerando a lesão do património como um referente expresso da intenção do agente, não incluído nos pressupostos objectivos do tipo.

Partilharíamos a mesma opinião se hoje ainda estivesse em vigor o RJIFNA. Enquanto o n.º 1 do artigo 26.º tem como requisito a reposição da verdade fiscal e que se mostre estarem pagos os impostos e dívida e os eventuais acréscimos legais, dando então abertura para o arquivamento, o n.º 3 do mesmo artigo só requer a reposição da verdade fiscal, podendo a pena ser reduzida para metade. Não sendo esta interpretação totalmente pacífica, não nos parece questionável que existe uma clara separação entre o pagamento e a "verdade fiscal", sendo que o factor "crime de falsidade" é decisivo na mente do legislador.

Indo à legislação actual, antecipa-se a conclusão deste ponto. O RGIT optou pela concepção patrimonialista do bem jurídico tutelado, centrada na obtenção das receitas tributárias. A "reposição sobre a situação fiscal" do RJIFNA foi substituída pelo condicionamento ao pagamento para a suspensão da pena de prisão[178].

Vamos agora tentar demonstrar o caminho que nos levou a esta conclusão.

4.3.1. Bem jurídico-penal

Num estudo como este, tentar acrescentar algo à definição de bem jurídico-penal seria um exercício improdutivo, pelo que, com o intuito de proceder a um enquadramento subsequente, serão expostas posições de autores nacionais.

---

[176] Ver nota 59.

[177] DIAS, Jorge de Figueiredo e ANDRADE, Manuel da Costa – *O crime de fraude fiscal no novo Direito Penal tributário português* – DPPE, volume II, Coimbra Editora, 1999, p. 418.

[178] N.º 1 do artigo 14.º do RGIT; A dispensa e atenuação da pena também estão condicionadas ao pagamento da prestação tributária (artigo 22.º, n.º 2).

Para Figueiredo Dias, o bem jurídico é definido como «*a expressão de um interesse, da pessoa ou da comunidade, na manutenção ou integridade de um certo Estado, objecto ou bem em si mesmo socialmente relevante e por isso juridicamente reconhecido como valioso*»[179], enquanto Faria Costa prefere afirmar que o bem jurídico são «*pedaços da realidade que se afirmam como valores numa teia de relações axiológicas e não só que se refractam (...) nos crimes contra a vida, a integridade física, a honra, o património, a segurança interna e externa do Estado*»[180].

Apenas com estas duas curtas definições é possível demonstrar a impossibilidade de encontrar um conceito definitivo. O factor cultural também terá uma influência na determinação do bem jurídico. A evolução das sociedades faz com que um mesmo tipo penal, apesar de manter o mesmo texto ao longo de muitos anos, possa ter ligado a si diferentes bens jurídicos através das gerações que vão passando[181].

Sendo certo que o bem jurídico-penal constitui critério vinculante da actuação do legislador penal, é também certo que a dificuldade na determinação das suas qualidades legitimadoras vai aumentando à medida que nos afastamos do direito penal clássico, ou primário.

A proliferação de leis avulsas, que criam novos ilícitos penais, como forma desesperada de manter sob controlo uma sociedade em franco desenvolvimento, faz com que, muitas vezes, os bens jurídicos no direito penal secundário se tornem vagos e indefinidos. A penalização de condutas é, em diversos casos, o único meio encontrado para controlar certos desvios sociais[182].

---

[179] DIAS, Jorge de Figueiredo – *Temas Básicos da Doutrina Penal*, Coimbra Editora, 2001, p. 43.

[180] COSTA, José de Faria – Noções Fundamentais de Direito Penal (Fragmenta Iuris Poenalis), João Abrantes, 1999.

[181] O objecto do nosso estudo é um exemplo paradigmático. Há relativamente pouco tempo era considerado "heróico" quem se apresentasse nos meios de comunicação social a afirmar que não pagava impostos, afinal *estava a defender-se de uma agressão do Estado*. Hoje há uma tendência de inversão destes valores;

Sobre a relação entre o imposto e a ética vide MARQUES DA SILVA, Germano – *Imposto, ética e crime*, Estudos em Homenagem ao Professor Doutor Pedro Soares Martínez, Volume II, Almedina, 2000, p. 65 e ss.

[182] Para além do direito fiscal, outras áreas de direito têm multiplicado os crimes tipificados. Certos crimes, como os praticados nos mercados financeiros, no âmbito de

O século XX trouxe, ao lado da imperfeição e da impossibilidade de eficiência natural do mercado, e as carências económicas e sociais, amplamente divulgadas pelos meios de comunicação social, a necessidade da criação de um vasto direito penal económico, no qual, por vezes, o bem jurídico é incerto. O Estado assume a missão de corrigir assimetrias, passando a ser regulador, apoiado coma armade combate "direito penal económico".

Por outro lado, o direito penal económico permitiu colocar em evidência bens jurídicos supra-individuais, sociais ou colectivos. O ambiente, o sistema económico, o sistema de crédito, o mercado de capitais ou a fazenda pública são "novos" bens jurídicos aos quais todos reconhecem o merecimento de protecção.

4.3.2. *Natureza da infracção fiscal*

a) *Teoria administrativista*

Esta teoria defende que as infracções fiscais são essencialmente infracções administrativas, baseadas na função essencialmente utilitária das disposições repressivas fiscais. Este tipo de ilícito preenche integralmente as características essenciais do ilícito administrativo ou ilícito policial.

Entende-se que as *«infracções fiscais, ao atingirem os direitos do Estado, não têm nada de semelhante com as infracções comuns, que atingem os bens dos indivíduos, pois, neste último caso, a infracção é imoral e a punição assenta na culpa, enquanto as infracções fiscais são meras infracções de ordem que colocam entraves à aplicação da lei fiscal»*[183]. A infracção fiscal, porquanto se refere à violação de normas

---

imigração clandestina, na exportação de mão-de-obra, entre outros, são crimes que não teriam tido aplicação há poucas décadas atrás e, provavelmente, não voltarão a ser aplicados em futuras gerações. Quando surge uma situação com impacto junto do público em geral, normalmente, por via de algum empolamento por parte da comunicação social, certo s políticos preferem aparecer em público e afirmar que solucionam o problema com a criação de um novo tipo legal, quando certamente seria mais eficaz a busca da causa dos problemas.

[183] GOMES, Nuno Sá – Os crimes essencialmente fiscais como crimes especiais *sui generis* privilegiados, CTF, n.º 376 (1994), p. 47.

instrumentais de carácter administrativo, não visa assim a subversão do ordenamento, nem a ofensa de bens jurídicos fundamentais, devendo ser qualificada como ilícito penal administrativo.

O vencimento desta teoria implicaria que as infracções fiscais teriam punição essencialmente pecuniária, excluindo-se absolutamente as penas privativas da liberdade.

b) Teoria penalista

Considerando que a gravidade de certas infracções fiscais não é eticamente neutra, esta teoria defende que a infracção fiscal não é qualitativamente diferente da infracção criminal.

No direito penal comum existem tipos que punem actos com desvalor semelhante, como, por exemplo, o crime de falsificação de documentos, o abuso de confiança ou a burla. Soares Martínez afirma que *«as infracções mais graves deveriam pertencer ao direito penal comum, constituindo o direito penal tributário um capítulo especial do direito penal»*[184].

Em nossa opinião, não é possível, neste ponto do estudo, admitir que todas as infracções tributárias seriam passíveis de sanções penais. O direito penal constitui um último recurso, utilizável apenas quando os restantes meios de tutela jurídica se mostram ineficazes[185].

c) Teoria dualista

Já se entendeu que é inadmissível que qualquer violação da lei tributária possua natureza criminal, mas é perfeitamente defensável que as sanções administrativas são insuficientes para impor o cumprimento da lei.

A evolução anteriormente exposta[186] confirma que, até certa altura, as sanções penais eram inexistentes e que apenas o RGIT, em 2001, trouxe alguma estruturação à punição das infracções tributárias. O n.º 2 do artigo 2.º do RGIT esclarece que as infracções tributárias se dividem

---

[184] MARTINEZ, Soares – *Direito Fiscal*, Almedina, 2003, p. 338.
[185] Ver nota 182.
[186] Ver *supra* "Fraude Fiscal", p. 41.

em crimes e contra ordenações, estas últimas aplicadas por uma entidade administrativa, segundo um processo administrativo.

4.3.3. Legitimidade da criminalização

Nas sociedades democráticas ocidentais, os Estados, maioritariamente, têm no seu ordenamento jurídico legislação que pune criminalmente determinadas violações da lei tributária. Toda e qualquer criminalização tem que ser legitimada.

O Estado Social de Direito[187], que tem entre as suas missões a criação de uma política de redistribuição da riqueza, necessita portanto de meios para atingir os seus objectivos. A arrecadação de impostos é um desses meios. São fornecidos pelos cidadãos no interesse dos próprios cidadãos. Está afastado o anteriormente referido "direito de defesa do cidadão contra uma agressão do Estado". As condutas evasivas são censuráveis por toda a sociedade.

É a própria Constituição que impõe, no seu artigo 103.º, que a finalidade do sistema fiscal seja uma repartição justa dos rendimentos e da riqueza. De seguida, o n.º 1 do artigo 104.º estabelece que o imposto sobre o rendimento pessoal visa a diminuição das desigualdades e será progressivo, tendo em conta as necessidades e os rendimentos do agregado familiar. Da mesma forma, o n.º 3 do mesmo artigo refere que a tributação do património deve contribuir para a igualdade entre os cidadãos.

Os discursos punitivos em matéria tributária, na sua maioria, têm como base a justiça distributiva do sistema de impostos. Silva Dias considera que *«é dever ético de todo o cidadão contribuir para a formação do património público que torne possível a realização das políticas distributivas, correctoras de desigualdades e assimetrias sociais, tendo em vista a constituição de uma sociedade mais justa e mais bem ordenada»*[188]. O dever de pagar impostos tem, nesta óptica, uma fundamentação ética.

---

[187] Seria útil o aprofundamento dos conceitos de Estado Social, princípio do benefício, princípio da capacidade contributiva, contrato social e outras matérias conexas. Porém, o seu desenvolvimento alongaria em demasia o presente estudo.

[188] DIAS, Augusto Silva – *Crimes e contra-ordenações fiscais*, in DPEE, Volume II, Coimbra Editora, 1999, p. 477.

No já referido texto de Germano Marques da Silva, onde é apresentada a relação entre ética e tributação, conclui-se que a realização do bem comum prosseguida pelo Estado Social de Direito dita a necessidade de meios que só podem ser obtidos através de impostos. Para «*que cada um possa gozar do que lhe pertence como ser social tem também o dever jurídico e moral de contribuir, segundo as suas possibilidades, para a satisfação das necessidades financeiras do Estado, condição da realização das tarefas que ao Estado incumbe*»[189]. Sublinha ainda que a ilicitude fiscal não é uma ilicitude de grau menor, e que os valores que o sistema fiscal prossegue, nomeadamente a repartição dos rendimentos e da riqueza, não são ilegítimos, mas sim valores constitucionalmente consagrados e conformes aos ditames essenciais da democracia.

Casalta Nabais atinge o ponto central da questão ao afirmar que, ao tomar como núcleo da ilicitude das infracções tributárias a violação dos deveres de colaboração dos contribuintes (e demais sujeitos passivos fiscais) para com a administração tributária, e consequentemente a violação do dever de cidadania de pagar impostos, de que aqueles deveres são meros instrumentos, os crimes tributários são crimes contra o Estado, enquanto crimes contra a sociedade organizada em estado-fiscal social[190].

Há quem tente contrapor afirmando que a evasão fiscal de um só contribuinte não põe em perigo nem lesa, por si só, o erário ou a capacidade económica da Fazenda Pública, mas nem por isso deixa de ser intrinsecamente lesiva por si própria a partir decerto limite mínimo, estabelecido em virtude de princípios como o do carácter fragmentário, proporcionalidade e insignificância. Isto tem o mesmo valor para crimes contra o ambiente, ou até, em cúmulo, ao burlar de uma grande instituição financeira.

Os tributos são necessários para o funcionamento do Estado e são meios para a vida em sociedade. A tutela penal, devidamente balanceada com a contra-ordenacional, é elemento fundamental para salvaguardar os bens que se pretendem proteger[191].

---

[189] MARQUES DA SILVA, Germano – *Imposto, ética...*, p. 68-70
[190] NABAIS, José Casalta – *Direito Fiscal*, Almedina, 2003, p. 432 e ss.
[191] Sobre o enquadramento constitucional, ver *supra* "O pagamento: atenuante ou condicionante?", p. 29.

4.3.4. Bem jurídico-penal protegido

Conclui-se no ponto anterior que a legitimação da intervenção penal nas infracções tributárias provém essencialmente de um movimento de eticização, o que não implica que a ética seja o bem jurídico protegido nos crimes tributários. Uma coisa é o fundamento ético da intervenção penal, outra é o bem que a criminalização pretende proteger.

Além do mais, se por um lado o fundamento da intervenção penal terá reflexo na opção do legislador, por outro, a sua conexão não tem que ser directa, e a própria evolução dos valores na sociedade alteram-se com o tempo[192].

Efectivamente, existe alguma controvérsia no âmbito da doutrina criminal, pelo que se irá passar por algumas correntes doutrinárias. Porém, não se abordarão teses eventualmente ultrapassadas[193], como a do crime de desobediência ou do crime contra a função social dos impostos.

Este ponto é sobremaneira importante, porque é um dos requisitos centrais da definição do crime continuado, pelo que critérios excessivamente largos ou estreitos condicionarão as conclusões finais.

a) Ofensa ao dever de colaboração e transparência

Alargando à área tributária o princípio de que não é possível ter um "polícia à frente de cada cidadão", têm-se intensificado os deveres de informação por parte dos contribuintes e de terceiros, com um aumento proporcional dos poderes de controlo e fiscalização da administração tributária.

O dever de colaboração, que consta do artigo 59.º da Lei Geral Tributária, levou Eliana Gersão a afirmar que «*o acento tónico da actividade delituosa não está mais na evasão, mas sim na falta de colaboração com a administração, ou seja, na falta de cumprimento dos deveres, preparatórios ou acessórios, da obrigação fiscal, impostos pela lei em ordem a garantir o funcionamento tanto quanto possível perfeito do sistema tributário*»[194]. O contribuinte, ou terceiro, ao cometer uma infracção

---

[192] Ver *supra* "Bem jurídico-penal", p. 106.
[193] Ultrapassadas entre nós, em função da recente legislação.
[194] GERSÃO, Eliana – *Revisão do sistema jurídico relativamente à infracção fiscal*, DPEE, volume II, Coimbra Editora, 1999, p. 87.

fiscal, viola um dever de colaboração ou,por outro prisma, de lealdade ou veracidade para com a administração tributária.

Como anteriormente[195] foi referido, Figueiredo Dias e Costa Andrade consideravam a fraude fiscal como um crime de resultado cortado, em que à falsidade que o tipo exigia, tinha de acrescer a intenção de produzir o resultado lesivo sobre o património fiscal. A segurança e a fiabilidade do tráfico jurídico seram os bens jurídicos directa e primacialmente protegidos pelo RJIFNA.

Casalta Nabais refere que *«os crimes tributários não devem assentar exclusiva ou de modo prevalecente nos deveres de colaboração dos contribuintes (e demais sujeitos passivos fiscais) com a administração tributária, representando a pretensão do Fisco a uma colaboração leal dos cidadãos na determinação dos factos tributários, cuja ilicitude se centra na violação dos deveres de informação e de verdade e se estrutura no desvalor da acção. Ou seja, os crimes tributários não devem ser concebidos como puros crimes de desobediência»*[196].

Não restam dúvidas de que o direito fiscal moderno se baseia na colaboração entre o contribuinte e a administração fiscal. Porém, pode estar-se a confundir o meio com a finalidade. Não se deve confundir o meio através do qual se lesa o interesse protegido, com o próprio interesse tutelado. A violação do dever de cooperação é punível, nos termos do artigo 111.º do RGIT, como contra-ordenação.

b) *Ofensa ao sistema económico*

Partilhamos a opinião de Alfredo José de Sousa que considera que *«o imposto constituitambém um instrumento jurídico a utilizar pelo Estado na regulação, intervenção ou direcção do sistema económico»*[197].

A reforçar este sentido está a tradicional separação entre os impostos aduaneiros e os não aduaneiros, tendo estes últimos como função principal a regulação económica e a protecção da economia nacional[198].

---

[195] Ver nota 177.

[196] NABAIS, José Casalta – *Direito Fiscal*, Almedina, 2003, p. 436.

[197] SOUSA, Alfredo José – *Direito Penal fiscal, uma prospectiva*, DPEE, volume II, Coimbra Editora, 1999, p. 147.

[198] Esta é a justificação tradicional da separação, porém, pode não ser a que traduz a verdade absoluta. As economias menos evoluídas, ainda hoje, têm nas taxas aduaneiras

O RGIT veio acabar com essa separação, muito motivada pela integração europeia e a redução da importância daquele tipo de impostos.

A lesão patrimonial, que o delito fiscal origina para a Fazenda Pública, prejudica o bom funcionamento da intervenção pública na economia, impedindo a consecução de uma série de fins de carácter económico e social que o Estado persegue com a percepção dos tributos. A fiscalidade é o instrumento preferencial da direcção económica do Estado.

O problema desta concepção é que o sistema económico, ainda que entendido num sentido estrito, se apresenta como um bem jurídico demasiadamente genérico.

A própria lei tem vindo a circunscrever as áreas de actuação. Exemplo disso é o Decreto-Lei n.º 28/84, de 20 de Janeiro, que regulamenta as infracções anti-económicas e contra a saúde pública e possui um capítulo dedicado aos crimes contra a economia. A fraude na obtenção de subsídio ou subvenção (artigo 36.º) é um crime contra e economia, que, para além de ofender o funcionamento da economia, ofende o erário, mas, sistematicamente, está fora do âmbito das infracções tributárias.

c) *Ofensa ao sistema fiscal*

Antes de mais, é necessário definir o que se entende por sistema fiscal[199]. Vamos admitir que o sistema fiscal é o conjunto de tributos e normas que os regulam num determinado espaço, tendo em vista determinados fins[200].

Todavia, esta definição é, por si, insuficiente para se poder circunscrever o bem jurídico em causa. Sendo verdade que estamos num subconjunto do sistema económico público, não será fácil definir quaissão os tributos, impostos ou taxas que estão incorporados.

---

o seu principal meio de obtenção de receitas públicas. Estas economias não têm meios para arrecadação de impostos não aduaneiros. Daí a conhecida criminalização do contrabando, que pode ser vista como um dos mais antigos crimes fiscais.

[199] POMBO, Nuno – A fraude..., p. 241, defende um "Estado Fiscal Social" e aflora-o como o bem jurídico protegido por « conceber o crime tributário como a adequada reacção à violação do dever de cidadania de pagar impostos, com especial ênfase no dever de cidadania e não tanto no de pagar impostos, se nos é permitida a dissociação, e não como delito puramente patrimonial ou de estrita desobediência».

[200] Martinez, SOARES – *Direito Fiscal*, p. 47.

Susana Aires de Sousa tenta explicar alguma doutrina que defende este critério, mas no final conclui que «*aponta-se o carácter demasiadamente genérico, abstracto e vago do sistema fiscal para que possa cumprir funções reconhecidas ao bem jurídico-penal, o que teria levado alguns autores partidários desta teoria a reconhecer a existência de bens jurídicos específicos referentes a cada uma das incriminações fiscais*»[201].

Próximo desta definição encontra-se Casalta Nabais, que considera que os crimes tributários são contra a sociedade organizada em Estado Fiscal social. Segundo este autor estamos perante um modelo misto, em que se visa quer a protecção do património fiscal do Estado, quer os valores de verdade e lealdade fiscal, centrado na violação do dever de cidadania de pagar impostos e na violação do dever fundamental de suportar financeiramente a comunidade estadual[202].

d) Ofensa ao erário

Nesta teoria, que se baseia no que muitos chamam "modelo patrimonialista", o bem jurídico tutelado nas incriminações fiscais «*tem uma índole marcadamente patrimonial e corresponde à pretensão do fisco em obter integralmente as receitas tributárias*»[203]. Deve acrescentar-se ainda a pretensão do fisco, ou do Estado, para que não se efectuem atribuições patrimoniais indevidas, como no caso da burla tributária[204].

Discute-se por vezes se o modelo patrimonialista é aquele que tem subjacente uma concepção privatística da relação fiscal e concebe o imposto como o preço que o contribuinte paga pelos serviços públicos do Estado. Esta teoria não é equacionável na doutrina actual. Como o contribuinte é também potencial beneficiário, neste modelo não seria admissível que aqueles que fossem compensados com uma redistribuição também fossem contribuintes.

A teoria de que crime tributário é um crime contra o património constitui actualmente a doutrina dominante[205]. Considera-se que o crime

---

[201] SOUSA, Susana Aires – *Os crimes...*, p. 275-277. Esta autora começa por dizer «*Alguns autores (...)*» sem nunca referir quem são. Para este estudo, a menção desta teoria é importante porque fica entre o sistema económico e o erário.

[202] NABAIS, José Casalta – *Direito Fiscal*, Almedina, 2003, p. 437.

[203] SOUSA, Susana Aires – *Os crimes...*, p. 277-281.

[204] Artigo n.º 87 do RGIT.

[205] Dominante, mas longe de ser consensual. NABAIS, José Casalta – *Direito Fiscal*, Almedina, 2003, p. 436, afirma que «por detrás dos crimes tributários não deve estar

tributário lesa ou põe em perigo o erário. Não é um património individual, mas um interesse supra-individual, como o ambiente, de que a comunidade é titular.

Diferente é a protecção do património estatal, mas este já está protegido pelo direito penal comum nos delitos clássicos contra o património, previstos no Código Penal[206].

Outra crítica que pode ser feita a esta teoria é ainda a sua excessiva amplitude. As operações financeiras do Estado, nomeadamente as do produto de operações relativas à dívida pública e operações com divisas ou metais preciosos, integram o erário.

e) Ofensa contra as receitas tributárias

A noção de receitas tributárias, segundo a doutrina, *«parece circunscrever-se às prestações pecuniárias devidas pelo contribuinte, enquanto sujeito passivo de uma relação jurídico-tributária»*[207].

Como já foi referido no ponto anterior, limitar o bem jurídico às ofensas contra as receitas tributárias implicaria a exclusão da burla tributária do conjunto dos crimes tributários.

Esta posição não seria aceitável no âmbito do presente capítulo, porque conforme foi referido no início do ponto "Bem jurídico protegido" (página 104), está a ser debatido o bem jurídico nos crimes tributários em geral. Talvez seja, porém, a definição apropriada para o bem jurídico protegido nos crimes constantes nos capítulos III e IV da parte III do RGIT[208].

---

como bem jurídico protegido, um bem predominantemente patrimonial centrado nas pretensões do Fisco à obtenção integral das receitas tributárias. Ou seja, um bem jurídico cuja violação não se esgote na ilicitude concretizada do dano causado ao erário público, traduzida, portanto, num desvalor do resultado».

[206] Com esta visão poderíamos colocar em causa a criação do crime de burla tributária. Teoricamente, o crime de burla, previsto no artigo 217.º do Código Penal, oferece a protecção ao mesmo bem jurídico. A realidade é que a autonomização da burla tributária permite uma tutela melhor e mais eficiente.

[207] POMBO, Nuno – *A fraude...*, p. 52.

[208] Fraude (103.º), Fraude qualificada (104.º), Abuso de confiança (105.º), Fraude contra a Segurança Social (106.º) e Abuso de confiança contra a Segurança Social (107.º).

f) Posição adoptada

Após esta reflexão, e ponderando todos os aspectos, talvez fosse melhor questionar se faz sentido saber qual é a categoria de bem jurídico-penal no âmbito daquelas incriminações, ou melhor, se é possível apontar um único bem jurídico perante a dogmática penal. A resposta surge com uma afirmação vital para este estudo: a construção do crime continuado depende do conhecimento do bem jurídico, pelo que o próprio legislador superou as discussões e o definiu na lei.

De toda a forma, a posição que nos parece mais correcta, nos dias de hoje, é afirmar que nos crimes provenientes de infracções tributárias o bem jurídico-penal é o património financeiro do Estado[209]. O mesmo património que é afectado pelos crimes tributários é o de alguns crimes económicos[210], porém nestes consideramos que o mais ofendido é o funcionamento da economia[211], enquanto nos tributários a primeira e principal ofensa é contra o património financeiro do Estado.

No início deste capítulo foi referido que «antecipa-se a conclusão deste ponto: o RGIT optou pela concepção patrimonialista do bem jurídico tutelado, centrada na obtenção das receitas tributárias». Portanto, a posição adoptada foi exposta antecipadamente, mas agora é mais compreensível a sua motivação.

Sendo esta a posição adoptada, não implica assumir a discordância com outras posições. No entanto, a que melhor se coaduna com o âmbito estrito adoptado para o estudo – fraude fiscal e fraude contra a Segurança Social – é afirmar que o bem jurídico protegido é a receita tributária.

Outra questão que agora ainda se levanta é saber se a "receita tributária" é a mesma quando entregue nos cofres da Segurança Social ou quando entregue ao fisco.

Todo o RJIFNA foi revogado aquando da entrada do RGIT, com excepção do seu artigo 58.º, exactamente o que estabelece o regime de divisão do produto das coimas[212], sendo certo que se mantêm em vigor

---

[209] Posição diferente encontramos em SOUSA, Susana Aires – Os crimes..., p. 299, que conclui que «o bem jurídico-penal protegido pelos crimes fiscais coincide, assim, a nosso ver, com a obtenção das receitas fiscais». Posição com que não podemos concordar por, no nosso entender, deixar de fora o crime de burla tributária.

[210] Ver *supra* alínea b) do ponto "Bem jurídico- penal protegido", p. 112.

[211] Pensemos nos crimes que manipulam o mercado de valores mobiliários.

[212] 1. O produto das coimas será dividido nos termos do Decreto n.º 12101, de 12 de Agosto de 1926, e do Decreto n.º 12296, de 10 de Setembro de 1926, com as alte-

as disposições, do início do século passado, que dividem o produto das coimas entre os cofres da Segurança Sociale da administração fiscal.

Todavia, a existência de cofres distintos não significa que o bem jurídico seja distinto. Todas as entidades, desde que tenham personalidade jurídica, podem dispor de um património. Mesmo simples departamentos podem dispor de orçamentos autónomos e receitas consignadas. Na actualidade, o orçamento da Segurança Social é deficitário, sendo que o montante do défice é suprido pelo Orçamento Geral do Estado. Se a situação fosse oposta, apesar da legislação actual não o permitir directamente, seria aceitável que o *superavit* fosse transferido para a Conta Geral do Estado[213].

Ainda neste sentido, deve verificar-se que burla tributária, prevista no artigo 87.º do RGIT, inclui, no mesmo tipo, os crimes efectuados contra a administração tributária e administração da Segurança Social – argumento importante quando se quer analisar sob o ponto de vista de sistematização da lei.

Quando uma fraude atinge o seu objectivo, quem efectivamente é afectado, no final da cadeia, é o contribuinte que pagará, ou através de impostos, ou através de contribuições para a Segurança Social, o valor de que o agente infractor beneficiou indevidamente. As receitas tributárias foram postas em perigo por uma prática criminosa, logo haverá a necessidade de cada contribuinte suportar uma maior carga tributária. Esta carga poderá provir de qualquer tipo de receitas, desde privatizações, passando pelos impostos directos, indirectos ou das contribuições para a Segurança Social.

---

rações introduzidas pelo artigo 12.º do Decreto n.º 15661, de 1 de Julho de 1928, e distribuído de harmonia com a demais legislação aplicável; 2. O disposto no número anterior aplicar-se-á, ainda que a coima seja aplicada pelo tribunal comum, nos casos previstos na lei.

[213] No exercício de 2004, o fundo de reservas de pensões da Caixa Geral de Depósitos foi transferido para o cofre geral do Estado, com o objectivo de redução do défice público.

5. OS CRIMES TRIBUTÁRIOS CONTINUADOS

Levantadas todas as questões, resta retirar conclusões para os diversos cenários possíveis. Se, no presente estudo, fossem tratados todos os crimes tributários, as combinações eram infindáveis. Por isso, vão ser retiradas conclusões de apenas dois cenários. Inicialmente vamos analisar cada um dos crimes isolado (a fraude fiscal e a fraude contra a Segurança Socialem continuação), depois a eventual possível unificação num único crime continuado de fraude fiscal e contra a Segurança Social.

Poderíamos ter começado por tentar rejeitar liminarmente a aplicação do crime continuado às infracções tributárias, porém, pelo menos no nosso ponto de vista, seria enveredar por um caminho sem suporte no nosso ordenamento jurídico. Iremos então apenas demonstrar que não foi essa a opção do legislador[214].

O crime de abuso de confiança fiscal previsto noartigo 24.º do RJIFNA impunha, no seu n.º 6, um concurso real de crimes ao dispor que *«se a obrigação da entrega da prestação for de natureza periódica, haverá tantos crimes quantos os períodos a que respeita tal obrigação»*.

Com a redacção dada ao aludido artigo pelo Decreto-Lei n.º 394/93, de 24 de Novembro, desapareceu o transcrito n.º 6, o que nos leva a concluir que se pretendeu sujeitar a situação ali descrita ao regime geral, do artigo 30.º do Código Penal, admitindo-se a figura do crime continuado para os crimes do RGIT.

Neste estudo, de aqui para a frente, vamos partir do princípio que cada crime que virá compor a continuação está verificado, pelo que só analisaremos a possibilidade da unificação dos crimes.

---

[214] Como vem sendo defendido pela Jurisprudência, nomeadamente no Acórdão de 20 de Junho de 2001, (Colectânea de Jurisprudência do STJ 2001, II, p. 227-230): «face à revogação do n.º 6 do artigo 24.º do Decreto-Lei n.º 394/93, nada obsta a que se aplique o regime previsto no artigo 30.º, n.º 2, do Código Penal».

5.1. Fraude tributária continuada

Na fraude tributária continuada, melhor dizendo, na fraude fiscal continuada ou na fraude continuada contra a Segurança Social, um agente concretiza mais do que um crime de um daqueles tipos.

A nossa análise, para já, incidirá isoladamente sobre a fraude fiscal continuada. Apesar de o tratamento dos tipos poder possuir diferenças, estas são irrelevantes para o objecto do estudo.

Assim sendo, começamos por considerar que na fraude fiscal continuada um agente apresenta, ou omite, à administração tributária mais do que uma declaração visando a não liquidação, entrega ou pagamento da prestação tributária ou obtenção indevida de benefícios fiscais, reembolsos ou outras vantagens patrimoniais susceptíveis de causarem a diminuição das receitas tributárias.

Estão, logo à partida, cumpridos dois dos requisitos para a unificação:
- Do mesmo tipo de crime;
- Que fundamentalmente protejam o bem jurídico.

Quanto à realização plúrima, é requisito a existência de múltiplas decisões[215]. Existindo um plano previamente traçado, que vai sendo executado ao longo do tempo, pode afirmar-se que não existe uma pluralidade de resoluções criminosas[216]. Porém, esse entendimento encontra uma série de dificuldades, como de seguida iremos analisar.

Será de ponderar a existência de um crime único, não de forma continuada, mas perpetrado por fases, em situação semelhante ao agente

---

[215] Ver ponto "Realização plúrima", p. 92.

[216] Acórdão STJ de 7 de Dezembro de 1993, processo n.º 43779/3.ª: «É pressuposto da verificação da continuação criminosa a pluralidade de resoluções criminosas, o que não se verifica quando o arguido pratica diversos factos, embora de forma homogénea, no desenvolvimento de um plano previamente traçado, que foi sendo paulatinamente executado ao longo o do tempo».

Acórdão do STJ de 4 de Maio de 1983, BMJ, 327, 447: «*I – Não constitui crime continuado a realização plúrima do mesmo tipo de crime, se não foram as circunstâncias exteriores que levaram o agente a um repetido sucumbir, mas sim o desígnio inicialmente formado de, através de actos sucessivos, defraudar o ofendido. II – Formado esse desígnio, a consumação de algumas das actuações parcelares e a não consumação de outras integra o mesmo e único crime, atenuada a responsabilidade do agente na medida em que não as conseguiu consumar*».

que furta um estabelecimento em dois dias consecutivos, porque a viatura utilizada no crime não tem capacidade de transporte para o fazer numa única viagem. Existe a semelhança porque podem ser necessárias diversas declarações[217] para atingir o objectivo traçado. Este entendimento não nos parece aceitável. Nas declarações periódicas, haverá a necessidade de uma renovação da resolução criminosa. Apesar de haver um plano inicial, periodicamente existirá uma nova resolução criminosa[218].

Há, no entanto, uma situação em que este entendimento é pertinente. Um agente que tenha uma resolução de, em cada declaração periódica, praticar um acto que constitua uma fraude fiscal de valor ligeiramente inferior a € 15.000, não sendo portanto punível como crime, estará a praticar um crime por a sua resolução criminosa visar a obtenção de uma vantagem patrimonial superior àquele limite? A resposta é negativa. O legislador optou, ao estabelecer, no n.º 3 do artigo 103.º do RGIT, que os valores a considerar são os que devam constar de cada declaração a apresentar à administração tributária. A primeira resolução criminosa não é a relevante, sendo de considerar apenas e somente a resolução que ocorre quando é apresentada cada uma das declarações.

A homogeneidade foi referida, no ponto "Forma essencialmente homogénea" (página 98), como um critério de difícil delimitação. No caso da fraude fiscal, é de admitir que haja homogeneidade sempre que estejamos no mesmo tipo de imposto, independentemente do artifício que seja utilizado[219]. Um agente que num período utilize documentos falsos e no período seguinte se limite a alterar factos que devam constar das declarações, tem condutas que, apesar de não serem idênticas, podem ser consideradas homogéneas. Homogeneidade não é sinónima de identidade. O agente presta declarações erróneas, uma vez baseado em documentos falsos, outra em métodos fraudulentos de contabilização. Mesmo assim, do nosso ponto de vista, é de considerar a existência de homogeneidade.

Porém, se um documento, por exemplo uma factura falsa, originar, por um lado, enriquecimento ilegítimo no IVA, em função de uma dedução

---

[217] Ver ponto "Cada declaração a apresentar à administração", p. 76.

[218] Esta situação faz recordar o exemplo académico de resolução criminosa: «Abel decidiu ganhar a vida roubando».

[219] Ser o mesmo tipo de imposto não é um requisito. O acórdão do STJ de 8 de Fevereiro de 2007, processo n.º 06P4682, sufraga a unificação de diversos crimes a título de IRS, IRC e IVA, perpetrados ao longo de vários anos, num único crime continuado.

indevida, e, por outro lado, um pagamento inferior de IRC, em função da redução da matéria colectável, já não estamos perante uma conduta homogénea, mas perante uma única conduta, que deu origem a duas declarações fiscais perante a administração tributária. Estariam preenchidas duas vezes a norma incriminadora da fraude fiscal, uma relativamente ao IVA e outra relativamente ao IRC[220]. Neste caso, a discussão não será sobre a existência de crime continuado, mas sim sobre o concurso efectivo de crimes[221].

Situação diferente será ado agente que cometer fraudes contra impostos diferentes, com a prática de actos distintos. Esta análise careceria de uma análise exaustiva, imposto a imposto. Mais à frente, será feita a análise entre a fraude fiscal e a fraude contra a Segurança Social.

O requisito da situação exterior que diminua a culpa do agente fundamenta-se na proposta de Eduardo Correia que afirma que o *«pressuposto da continuação criminosa será, verdadeiramente, a existência de uma relação que, de fora, e de maneira considerável, facilitou a repetição da actividade criminosa, tornando cada vez menos exigível ao agente que se comporte de maneira diferente, isto é, de acordo com o direito»*[222].

Será fácil o agente fundar-se numa mesma situação exterior. Poderemos estar perante o empresário, ou o administrador, que executa os actos com o fim de cobrir necessidades de empresas deficitárias, muitas vezes apenas com o intuito de poder pagar os salários.

Não será cumprido esse requisito quando o agente cometer a fraude na empresa e depois no seu imposto pessoal, porque a situação exterior será diferente.

---

[220] Mais claro seria este exemplo se as facturas falsas dessem origem ao reembolso do IVA. Assim estariam preenchidas duas normas incriminadoras, a da burla tributária relativamente aos reembolsos de IVA e a fraude fiscal no que respeita ao IRC, se a vantagem pretendida se mostrar igual ou superior à fasquia legalmente relevante.

[221] Defendemos a não existência de dois crimes. A conduta em causa é apenas uma e não há diferença alguma entre os interesses protegidos pela norma incriminadora. Podemos também sustentar a posição afirmando que existe uma relação de subsidiariedade intensiva, quando na presença de resultado concomitante dos próprios actos de execução. No mesmo sentido: POMBO, Nuno – *A fraude...*, p. 209; aparentemente contra: MESQUITA, Paulo Dá – *A tutela penal...*, p. 74.

[222] CORREIA, Eduardo – *Direito Criminal*, p. 209.

Todavia, esse critério não é absoluto. O Acórdão do STJ de 7 de Dezembro de 1993, processo n.º 43779/3ª, refere que «a *toxicodependência não é solicitação exógena facilitadora da execução e diminuidora do grau de culpa, para efeito de verificação de uma continuação criminosa*». O mesmo poder-se-ia dizer sobre a necessidade do empresário em pagar salários ou aos seus fornecedores. Não consideramos ser esse o critério a seguir.A fundamental diferença entre as situações é que num caso o critério de exclusão é uma característica endógena do agente, ser toxicodependente, e, na outra, uma efectiva situação exterior.

Devemos também considerar a existência de uma facilitação da repetição do crime[223]. Por um lado, o agente, ao concretizar o primeiro crime, dificilmente será alvo de inspecção nos tempos próximos; por outro, o preenchimento de declarações com elementos incorrectos é um procedimento de fácil execução, com uma probabilidade razoável de não vir a ser detectado. São elementos exteriores que facilitam a prática do ilícito, sendo a sua repetição "natural" esendo expectável uma menor reflexão sobre a acção criminosa, até com probabilidade de algum descuido na sua execução. São elementos que podem fundamentar a diminuição da culpa do agente, em virtude da facilidade criada por determinadas circunstâncias para a prática de novos actos da mesma natureza.

A conexão temporal, não sendo um requisito da letra da lei, é exigida pela doutrina e jurisprudência[224]. Para haver continuidade, é necessária a persistência das características inerentes a um determinado contexto, porque a continuidade é aquilo que confere coerência e unidade a uma acção, logo não pode estar dissociada do tempo.

Não é exigível, para que haja continuidade, a repetição, sem intervalos, do crime. Por exemplo, o sujeito passivo, obrigado a entregar declarações periódicas mensais de IVA, que comete fraude fiscal naquele imposto, pode ver todos os seus crimes unificados, mesmo que ao longo de um período prolongado tenha entregado algumas declarações sem irregularidades.

---

[223] Acórdão do STJ de 25 de Março de 1993; BMJ, 425, 325: «*O art. 30.º, n.º 2, do CP vai buscar o seu fundamento à diminuição da culpa do agente, em virtude da facilidade criada por determinadas circunstâncias para a prática de novos actos da mesma natureza*».

[224] Ver ponto "Conexão temporal", p. 102.

No entanto, há que integrar a conexão temporal com o conceito de "uma mesma situação exterior". Voltemos ao exemplo do sujeito passivo que entrega mensalmente a declaração de IVA. À partida, cometerá dois crimes, não passíveis de unificação, aquele que, uma vez por ano, em dois exercícios diferentes, entregue uma declaração visando a não liquidação de imposto. Porém, se este acto for praticado no mesmo mês do calendário e se destinar, por exemplo, ao pagamento das férias e subsídio de férias, poderá haver uma leitura diferente da situação. Igualmente, entende-se como mesma solicitação exterior o facto de praticar uma fraude fiscal apenas nos meses em que não tem capacidade para efectuar o pagamento dos salários.

Longe de ser nosso objectivo sair do direito substantivo e entrar no direito adjectivo, sentimos que não nos devíamos abster de analisar as consequências da questão que se segue para, posteriormente, novamente em sede de direito substantivo, chegarmos a uma conclusão.

Não havendo nada que o obrigue, é prática corrente que as acções de inspecção tributária se desenvolvamprocedendo à análise de cada exercício fiscal. Caso seja detectada alguma infracção, que possa ser qualificada como crime fiscal, os serviços deverão fazer a participação aos serviços de investigação criminal competentes. Esta conjugação origina que, em alguns processos, a unificação de crimes seja feita somente dentro do mesmo exercício, como se não existisse uma continuidade única, porque a investigação é baseada em exercícios fiscais. Podemos dizer que ocorre uma ficção quando existe um ponto no tempo em que é quebrada a continuidade e iniciada uma nova prática criminosa, originando um concurso de crimes continuados.

Vejam-se estas três hipóteses:
- Um agente praticou seis crimes de fraude fiscal entre Julho de 2005 e Dezembro de 2005. Pode ser acusado por um crime continuado de fraude fiscal, hipoteticamente, em Julho de 2007.
- Outro agente praticou seis crimes de fraude fiscal entre Agosto de 2005 e Janeiro de 2006. Pode vir a ser acusado por um crime continuado de fraude fiscal em Julho de 2007 e outro crime de fraude fiscal em Julho de 2008[225].

---

[225] Em caso de condenação, caso não tenha havido trânsito em julgado, deverá ser condenado numa única pena, nos ternos do artigo 77.º do Código Penal.

- Um terceiro agente praticou seis crimes de fraude fiscal entre Setembro de 2005 e Fevereiro de 2006. Pode vir a ser acusado por um crime continuado de fraude fiscal em Julho de 2007 e outro crime continuado de fraude fiscal em Julho de 2008.

Logo à partida, diferentes inquéritos poderão trazer conclusões distintas, como uma acusação e um arquivamento, ou uma acusação por um crime continuado e outra acusação pelos diversos crimes em concurso.

Depois, durante a vigência do actual Código Penal, antes da revisão operada pela Lei n.º 59/2007, de 23 de Setembro, muito provavelmente, a pena concreta aplicada a cada uma destas hipóteses teria sido diferente. É ainda acrescido, como factor de incerteza, a probabilidade de ter havido situações em que houve trânsito em julgado em alguma das acusações e cumprimento da pena antes da conclusão de outro processo, trazendo consequências na punição do concurso de crimes.

A última revisão ao Código Penal veio resolver a situação ao introduzir o n.º 2 no artigo 79.º, ficando claro que se depois de uma condenação transitada em julgado for conhecida uma conduta mais grave que integre a continuação, como por exemplo, uma continuação por um período mais alargado, a pena que for aplicada substitui a anterior.

Por último, achamos ser interessante realçar outra prática que, não indo contra a legislação em vigor, tem tornado a questão em análise alvo de "esquecimento" entre os intervenientes no processo. Devido às "tardias" inspecções tributárias – inspecções efectuadas próximas do prazo de caducidade do tributo – pode haver tentação para que o ministério público acuse, como crime continuado, condutas que não reúnem os requisitos, apenas para evitar que alguns crimes que, se acusados isolados, já teriam ultrapassado o prazo de prescrição[226], havendo então uma eventual possibilidade de maior receita tributária. Por seu lado, os arguidos não contestam[227] porque preferem ser acusados de um crime continuado ao

---

[226] A alínea b) do n.º 2 do artigo 119.º do Código Penal estipula que «o prazo de prescrição só corre nos crimes continuados desde o dia da prática do último acto».

[227] Inaceitável é a decisão do Tribunal da Relação de Coimbra, que veio a ser alterada pelo acórdão do STJ de 8 de Fevereiro de 2007, processo n.º SJ200702080046825, no qual só tinham sido unificados os crimes não prescritos, oferecendo-se ao arguido "o melhor de dois mundos". É certo e sabido que a alínea b) do n.º 2 do artigo 119.º do Código Penal refere que nos crimes continuados o prazo de prescrição só corre desde o dia da prática do último acto.

longo de vários meses em vez de o serem, por exemplo, dedois crimes em concurso efectivo[228].

É uma realidade, sem qualquer limitação do ponto de vista da legalidade, a possibilidade de unificação de vários crimes de fraude fiscal num crime continuado. Atrevemo-nos a afirmar que, em certas situações, essa possibilidade é utilizada com alguma ligeireza por, na prática, beneficiar o investigador e o violador da lei. O investigador vê a sua tarefa "facilitada" e o agente vê a possibilidade de ter uma pena efectiva inferior à que teria caso fosse julgado pelo concurso efectivo de crimes.

5.2. Crime continuado de fraudes fiscal e contra a Segurança Social

Não existe obstáculo à unificação de crimes de dois, ou mais, tipos distintos[229]. Também é obrigatória a existência de várias resoluções criminosas. Não é possível executar estes dois tipos de crime com apenas uma resolução criminosa[230]. Importa, então, analisar a possibilidade da verificação dos demais requisitos.

A questão preponderante é a do bem jurídico ofendido, já debatida anteriormente, estando as nossas conclusões no ponto "Posição adoptada" (página 119). Logo, no nosso entender, ao defendermos que em ambos os crimes o bem jurídico ofendido é o património financeiro do Estado, consideramos que este requisito é cumprido[231].

---

[228] Há casos de pluralidade de crimes, com acentuada diminuição da culpa do agente, onde é ponderada a atenuação da pena, não sendo porém reconhecido um só crime continuado. Os limites das penas são claramente diferentes. No caso de concurso a pena mínima aplicável será a mais elevada das penas concretamente aplicada, enquanto no crime continuado a pena aplicável será dentro dos limites da pena aplicável à conduta mais grave que integra a continuação. Isto não significa taxativamente que a punição do crime continuado será menor que a punição dos crimes em concurso após o cúmulo jurídico, mas na prática dificilmente não se chegará a essa realidade.

[229] Ver ponto "Do mesmo tipo ou de vários tipos de crime", p. 94.

[230] O n.º 2 do artigo 106.º do RGIT diz que é aplicável à fraude contra a Segurança Social o disposto na alínea c) do n.º 1 do artigo 103.º. Nos pontos " Cada declaração a apresentar à administração" e "Fraude tributária continuada", p. 76 e 124, respectivamente, concluímos que em cada declaração haverá a necessidade de uma renovação da resolução criminosa.

[231] Não é esse o entendimento expresso no acórdão do Tribunal da Relação de Évora, processo: 286/07-1: «III – Os tipos penais de abuso de confiança (fiscal) e de

Anteriormente, foi exposta a nossa posição sobre o que se entende por "situação exterior que diminua a culpa do agente" para o crime de fraude fiscal. O entendimento é idêntico para os crimes contra a Segurança Social. Assim, importa verificar, efectivamente, se a situação exterior em ambos os crimes é a mesma, de forma a reduzir a culpa do agente.

O exemplo apresentado no ponto anterior, da empresa em dificuldades financeiras, na qual o administrador comete a fraude fiscal com o objectivo de poder pagar os salários, é o exemplo paradigmático de um caso em que poderá haver a mesma situação exterior para execução dos dois tipos de crime.

O ponto crítico desta construção poderá ser a homogeneidade da conduta. O ponto tem sido debatido, sob diversos prismas, ao longo do presente estudo. Os tipos em análise são ambos crimes de execução vinculada, cuja descrição enunciativa é feita por remissão[232]. O que pode estar em causa, por exemplo, é se são essencialmente homogéneos os actos de prestação de declarações erróneas para o fisco e para a Segurança Social.

Numa análise teórica de um tema como o presente, não é possível tirar uma conclusão positiva para o geral. Porém, é possível admitir que há situações nas quais é essencialmente homogénea a forma como são cometidos os dois tipos de crime.

Em função do que foi dito, será dedutível, sem dificuldades, a nossa opção em considerar possível a unificação de diversos crimes de fraude fiscal e de fraude contra a segurança num único crime continuado.

---

abuso contra a Segurança Social, protegem bens jurídicos que embora próximos, não se confundem, sendo precisamente a distinção entre eles que justificou a autonomização do tipo legal contra a Segurança Social , dado que do ponto de vista do desvalor da acção e do resultado, os tipos são similares, prevendo mesmo idêntica punição; IV – Assim, independentemente da homogeneidade da actuação dos arguidos e da solicitação de uma mesma situação exterior atenuante da culpa, a conduta objecto dos presentes autos (subsumível, actualmente, ao tipo de abuso de confiança (fiscal) do art.º 105 n.ºs 1 e 7 da Lei n.º 15/2001 de 5 de Junho) e a conduta pela qual os arguidos foram julgados noutro processo onde foram condenados pela prática de um crime continuado de abuso de confiança contra a Segurança Social p. e p. pelo art.º 105 n.º 1 e 107 n.º 1 da Lei n.º 15//2001 de 5 de Junho, não constitui um só crime continuado, face ao disposto no art. 30.º n.º 2 do C. Penal».

[232] O n.º 2 do artigo 106.º do RGIT faz uma remissão expressa para as alíneas a) a c) do artigo 103.º.

6. CONCLUSÕES

Sendo estabelecido no RGIT que o Código Penal é de aplicação subsidiária, as causas de justificação para os crimes tributários não possuem tratamento diferenciado em relação aos crimes praticados no direito penal comum; existe, sim, alguma especificidade que deve ser analisada casuisticamente.

As sociedades democráticas, baseadas no estado social de direito, necessitam de meios para cumprir os objectivos que são definidos, nomeadamente a redistribuição da riqueza. Os tributos são o meio fundamental, e têm vindo a adquirir uma importância vital para o funcionamento da sociedade.

A economia paralela, a fraude e a evasão fiscal colocam em risco o funcionamento do sistema. A experiência tem demonstrado que a tutela penal em matéria tributária é um meio necessário para assegurar o regular funcionamento do Estado.

Como em qualquer tipo de crime, nos crimes tributários podem existir as causas de justificação ou causas de exculpação, sendo que, dada a especificidade deste tipo de crime, a doutrina e a jurisprudência já tem vindo a delimitar a sua aplicação.

A determinação da valoração dos interesses a proteger, por princípio, não pode caber ao contribuinte. O Estado dispõe de meios de protecção social, pelo que o cumprimento de contratos só muito excepcionalmente poderá ser considerado como causa de justificação para o desvio de verbas que deviam ser entregues nos cofres do Estado, nomeadamente o pagamento de salários.

Não estão excluídas situações de efectivo direito de necessidade ou de estado de necessidade desculpante. É necessário que efectivamente exista uma situação onde o comportamento do agente vise salvaguardar um interesse manifestamente superior. Demos como exemplo a utilização da verba para uma intervenção cirúrgica urgente no estrangeiro, onde, mesmo que existisse uma alternativa, não era razoável exigir ao agente comportamento distinto.

Existindo um concurso de crimes, poderá ser considerada a existência de uma continuação criminosa, que potencialmente trará uma diminuição da pena a aplicar, desde que estejam reunidos todos os requisitos constantes da lei penal.

Os crimes tributários têm uma tendência quase que "natural" para serem repetidos. Excepção feita aos crimes de simulação com fins específicos, existe uma propensão dos agentes para os repetirem, tanto pela própria facilidade na replicação de situações, como pelo lapso de tempo que normalmente decorre entre o proveito do crime, a sua eventual detecção e o procedimento criminal. Também o grau de censura social, apesar de ter vindo a aumentar ao longo do tempo, ainda é diminuto, principalmente quando comparados com outros crimes, ditos tradicionais. Este cenário vai-se tornando comum, até porque é do conhecimento público que o pagamento das prestações em dívida e dos acréscimos legais faz com que o processo possa ser arquivado ao longo das suas diversas fases processuais e são raras, e eventualmente desconhecidas situações, em que tenha sido atribuída uma pena efectivade privação da liberdade aos contribuintes que,até mesmo após a sentença, tenham pago as prestações em dívida e os acréscimos legais. Não queremos com isto afirmar a nossa oposição quanto à possibilidade de suspensão da pena quando estejam cumpridas as exigências de prevenção.

Não será difícil que estas condutas repetitivas sejam passíveis de cumprir os requisitos, constantes do Código Penal, para a unificação num crime tributário continuado, eventualmente composto por mais que um tipo de crime, nomeadamente entre o crime de fraude fiscal e o crime de fraude contra a Segurança Social.

A actual estrutura destes crimes pode levar ao favorecimento de situações menos justas. Por exemplo, quem, astuciosamente, efectuar regularmente fraudes abaixo do limite de punibilidade[233], que se pode afirmar não ser insignificante, só é punível através de contra-ordenações, enquanto quem cometer apenas uma infracção com o valor do limite de € 15.000 poderá ser processado criminalmente.

---

[233] No IVA, nos sujeitos passivos obrigados à entrega de declaração com periodicidade mensal, esse limite poderá será de € 180.000 anuais por sujeito passivo.

Tendo sido criado um diploma como o RGIT, que visava um tratamento unitário para todas as infracções tributárias, talvez fosse importante a criação de um regime próprio e simples para o crime tributário continuado, que salvaguardasse esta última situação referida.

BIBLIOGRAFIA

Actas das Sessões da Comissão Revisora do Código Penal, Parte Geral, Volume I e II – Edição da Associação Académica da Faculdade de Direito de Lisboa.

ALMEIDA, Carlos Rodrigues – *Os crimes contra a Segurança Social previstos no Regime Jurídico das Infracções Fiscais não Aduaneiras*, in Revista do Ministério Público, ano 18, n.º 72, 1997.

BANDEIRA, Gonçalo de Melo – *Responsabilidade penal económica e fiscal dos entes colectivos, à volta das sociedades comerciais e sociedades civis sob forma comercial*, Almedina, 2004.

BRUNO Aníbal – *Direito penal* – 3.ª edição, Rio de Janeiro, Forense, 1978.

CAMPOS Diogo Leite, RODRIGUES Benjamim Silva e SOUSA, Jorge Lopes de – *Lei Geral Tributária, Anotada e Comentada*, Lisboa, Vislis, 3ª edição, 2003.

CARVALHO, Américo A. Taipa de – *Direito Penal – Parte Geral*, 2 volumes, Publicações Universidade Católica, Porto, 2004.

CARVALHO, Américo A. Taipa de – *A Legítima Defesa – Da Fundamentação Teorético-Normativa e Preventivo-Geral e Especial à Redefinição Dogmática*, Coimbra Editora, Coimbra, 1995.

CORREIA, Eduardo – *Direito Criminal* – Coimbra Editora, 1971, volume II.

CORREIA, Eduardo – *Unidade e Pluralidade de Infracções*, Coimbra Editora, 1945, in A teoria do concurso em Direito Criminal, Almedina, 1996.

COSTA, José de Faria – *Noções Fundamentais de Direito Penal (Fragmenta Iuris Poenalis)*, João Abrantes, 1999.

DIAS, Augusto Silva – Crimes e contra-ordenações fiscais, Direito penal económico e europeu – Textos doutrinários, Coimbra Editora, 1999, vol. II.

DIAS, Augusto Silva – *Os crimes de fraude fiscal e de abuso de confiança fiscal: alguns aspectos dogmáticos e político-criminais*, in Ciência e Técnica Fiscal, n.º 394, 1999.

DIAS, Jorge de Figueiredo – *Direito Penal Português, Parte Geral, As Consequências Jurídicas do Crime*, Aequitas, 1993.

DIAS, Jorge de Figueiredo – *Temas Básicos da Doutrina Penal*, Coimbra Editora, 2001.

DIAS, Jorge Figueiredo e ANDRADE, Manuel Costa – *O crime de fraude fiscal no novo Direito Penal Tributário Português (considerações sobre a factualidade típica e o concurso de infracções) in* Direito Penal Económico Europeu: Textos Doutrinários, Volume II, Coimbra Editora, 1999.

DIAS, Jorge de Figueiredo e outros – *Comentário Conimbricense do Código* – Parte Especial, Coimbra Editora, 1999, 3 volumes.

FERREIRA, Cavaleiro – *Lições de Direito Penal* – Verbo, 4.ª edição, Lisboa, vol. I, 1992 e vol. II, 1989.

GERSÃO, Eliana – *Revisão do sistema jurídico relativamente à infracção fiscal*, DPEE, volume II, Coimbra Editora, 1999.

GOMES, Nuno Sá – *Os crimes essencialmente fiscais como crimes especiais sui generis privilegiados*, CTF, n.º 376, 1994.

MARQUES DA SILVA, Germano – Direito Penal Português, Verbo Editora, 2001 e 1998, Volumes I e II (respectivamente).

MARQUES DA SILVA, Germano – *Imposto, ética e crime, Estudos em Homenagem ao Professor Doutor Pedro Soares Martínez*, Volume II, Almedina, 2000.

MARQUES DA SILVA, Germano e MARQUES DA SILVA, Isabel – *Fraude aduaneira cometida antes da entrada em vigor do Regime Geral das Infracções Tributárias: burla ou descaminho*, Direito e Justiça, vol. XVIII, tomo 1, 2004, p. 65 ss.

MARQUES DA SILVA, Isabel – *Regime Geral das Infracções Tributárias – Cadernos IDEFF n.º 5*, Almedina, 2.ª edição, 2007.

MARQUES DA SILVA, Isabel – *Responsabilidade Fiscal Penal Cumulativa das Sociedades e dos seus Administradores e Representantes*, Lisboa, UCE, 2000.

Martinez, Soares – *Direito Fiscal*, Almedina, 2003.

MESQUITA, Paulo Dá – *A tutela penal das deduções e reembolsos indevidos de imposto. Contributo para uma leitura da protecção dos interesses financeiros do Estado pelos tipos de fraude fiscal e burla tributária, in* Revista do Ministério Público, n.º 91, Julho – Setembro de 2002, p. 55-80.

MESQUITA, Paulo Dá – *Sobre os crimes de fraude fiscal e burla*, in Direito e Justiça, vol. XV, Tomo 1, 2001.

MORAIS, Rui Duarte – *A execução fiscal*, Almedina, Coimbra, 2005.

MOUTINHO, José Lobo – *Da unidade à pluralidade dos crimes no Direito Penal Português*, Universidade Católica Editora, 2005.

NABAIS, José Casalta – *Direito Fiscal*, Almedina, 2003.

PALMA, Maria Fernanda – A Justificação por Legítima Defesa como Problema de Delimitação de Direitos, 2 vol., AAFDL, Lisboa, 1990.

SIMAS SANTOS, Manuel e SOUSA, Jorge Lopes – *Regime Geral das Infracções Tributárias Anotado* – Áreas Editora, 2003.

SOUSA, Alfredo José – *Direito penal fiscal, uma prospectiva*, DPEE, volume II, Coimbra Editora, 1999, p. 147-172.

SOUSA, Alfredo José – *Infracções fiscais não aduaneiras*, Almedina, 1995.

SOUSA, Susana Aires – *Os crimes fiscais,* Coimbra Editora, 2006.

ÍNDICE

PREFÁCIO 5

1. Introdução 7
    1.1. Objecto do estudo 7
    1.2. Matérias excluídas 8
    1.3. Questões acessórias 8
        1.3.1. Causas de justificação 8
        1.3.2. Causas de exculpação 18
        1.3.3. O pagamento: atenuante ou condicionante? 25

2. Fraude fiscal 35
    2.1. Autoria 36
    2.2. Dolo 41
    2.3. Susceptibilidade de diminuição das receitas tributárias 44
    2.4. Execução vinculada 50
    2.5. Tempo da prática do crime 54
    2.6. Vantagem patrimonial 56
    2.7. Alteração dos valores com o decurso do tempo 58
    2.8. Cada declaração a apresentar à administração 60
    2.9. Negócio simulado 61

3. Fraude contra a Segurança Social 65
    3.1. Autoria 66
    3.2. Visando a não liquidação de prestação 67
    3.3. Vantagem patrimonial 68
    3.4. Remissões 68

4. O crime tributário continuado 69
    4.1. Crime continuado (em geral) 70

4.2. Previsão actual 73
   4.2.1. Realização plúrima 74
   4.2.2. Do mesmo tipo ou de vários tipos de crime 75
   4.2.3. Que fundamentalmente protejam o mesmo bem jurídico 76
   4.2.4. Forma essencialmente homogénea 78
   4.2.5. Situação exterior que diminua a culpa do agente 79
   4.2.6. Conexão temporal 81
4.3. Bem jurídico protegido 82
   4.3.1. Bem jurídico-penal 83
   4.3.2. Natureza da infracção fiscal 85
   4.3.3. Legitimidade da criminalização 87
   4.3.4. Bem jurídico-penal protegido 89

5. Os crimes tributários continuados 97
5.1. Fraude tributária continuada 98
5.2. Crime continuado de fraudes fiscal e contra a Segurança .. 104

6. Conclusões 107

BIBLIOGRAFIA 111